ÉMOIS EN MOI

Dominique Chapot

ÉMOIS EN MOI

se réconcilier avec ses émotions

SEUIL PRATIQUE

ISBN 2-02-079060-2

www.seuil.com

À ma mère,
pour toutes les émotions de nos deux vies
et pour l'amour de lire.

Imaginez une société qui, au lieu de parler
de liberté pour mieux asservir, apprendrait à mieux
connaître nos chaînes pour tenter de choisir
les moins lourdes.

HENRI LABORIT

Sommaire

Préambule

Produit de ses gènes et de son environnement, chaque cerveau humain possède des propriétés neurochimiques singulières et un agencement de neurones unique. Cette organisation, toujours en évolution, construit notre personnalité au fil des interactions avec notre milieu.

Les émotions jouent un rôle primordial dans ces modifications. Chaque peur, chaque colère, chaque bonheur, chaque chagrin nous transforme plus ou moins durablement en modifiant la structure même de notre cerveau. Selon nos expériences, nous devenons jour après jour un peu plus peureux, colérique, chaleureux, inquiet, renfermé, timide, sage ou violent, généreux, sociable, angoissé ou paisible...

Pour que l'influence de l'environnement ait un impact sur la construction de notre personnalité, il faut qu'à un moment donné nous lui donnions notre consentement.

Il nous appartient, en effet, de refuser les influences qui nous font souffrir. C'est là notre liberté. Nous sommes responsables de nos actes et de la qualité de nos relations, nous sommes « les liens qu'on tisse avec les autres », selon la formule d'Albert Jacquard. Nous avons la liberté de choisir, à l'intérieur d'un contexte donné, certes, mais de choisir quand même.

De la même manière, nous sommes responsables de nos pensées. Nous pouvons décider à tout moment d'intégrer un jugement, une idée nouvelle, de cultiver un sentiment ou de nous en libérer.

Ce qui paraît évident avec un sentiment l'est moins avec une émotion. Le sentiment prend racine dans le temps ; l'émotion est violente et brève, elle nous surprend et nous emporte, nous la subissons malgré nous.

Si nous ne pouvons prévoir toutes nos émotions, nous pouvons toutefois intervenir dans le déroulement du processus émotionnel. C'est ainsi que je vous propose de faire un premier pas vers des comportements responsables et la restauration de votre vraie personnalité.

Découvrons ensemble les liens entre vos émotions, vos besoins, vos comportements et la construction de votre personnalité. À travers des exemples de situations courantes, découvrez le message de vos émotions et apprenez à intervenir dans le processus émotionnel pour ne plus en souffrir.

En nourrissant vos besoins fondamentaux au quotidien, stabilisez progressivement votre humeur, devenez capable de prendre du recul et retrouvez la confiance nécessaire à votre développement.

N'oubliez pas cependant que, si la lecture d'un ouvrage vous apporte la compréhension intellectuelle, seule la pratique régulière des exercices proposés vous apportera la compréhension émotionnelle sans laquelle aucune transformation ne peut se faire.

Ce chemin vers votre développement personnel s'appuie sur les théories du psychologue Abraham Maslow, des neurologues Henri Laborit et Paul MacLean, sur les travaux du neuropsychiatre Antonio Damasio et sur ceux de Milton Erickson, un psychothérapeute hors du commun. Il est souvent fait référence à l'école de Palo Alto, dont les fondateurs sont à l'origine de la thérapie brève.

Pour utiliser efficacement cet ouvrage, deux méthodes s'offrent à vous :

▷ Vous pouvez, dans un premier temps, prendre connaissance de la partie théorique pour bien comprendre les mécanismes biologiques et psychologiques des émotions. Dans un second temps, vous consulterez la partie pratique afin de trouver des outils facilement utilisables dans votre vie personnelle.

▷ Vous pouvez explorer directement le guide pratique pour y repérer des situations concrètes que vous avez vous-même vécues. En expérimentant les outils proposés, vous éprouverez sans doute le besoin de comprendre « comment ça marche ». Pour cela, vous vous reporterez aux chapitres de la première partie, qui répondront à vos questions.

Un peu de théorie pour comprendre les émotions

Qu'est-ce qu'une émotion ?

L'importance de comprendre ce qu'est une émotion

Il est important de comprendre ce qu'est une émotion pour pouvoir la gérer. C'est un terme que nous employons souvent sans être capable de le définir avec précision. Par exemple, nous faisons difficilement la différence entre émotion, sentiment et humeur.

En fait, l'émotion est un phénomène physiologique spontané et bref qui se produit dans notre corps. L'émotion se manifeste par un signal électrique accompagné d'une décharge hormonale et de manifestations comportementales. Les émotions déclenchent une tension de l'organisme dont le but est de mettre cet organisme en mouvement vers un nouvel équilibre.

Une émotion correspond à une modification des constituants chimiques du cerveau. Ces éléments chimiques modifient la structure du cerveau en organisant des interconnexions multiples de neurones. On peut dire que nos expériences émotionnelles quotidiennes construisent physiquement notre cerveau en créant ou en renforçant des connexions entre les neurones. Nos émotions modifient notre perception du monde en « fabriquant » concrètement une mémoire du ressenti qui accompagne les événements que nous vivons. L'émotion est donc intimement liée à notre mémoire.

Il existe dans l'organisme deux circuits de l'émotion, un circuit court et un circuit long.

- **CIRCUIT COURT :** le stimulus est perçu par un organe des sens *[mon œil aperçoit un serpent],* l'information est transmise *via* le thalamus à l'amygdale (une petite glande en forme d'amande située à la base du cerveau), liée à la mémoire émotionnelle *[le serpent est dangereux],* qui transmet directement l'information à la moelle épinière, laquelle active les neurones moteurs *[je fuis].* Ce circuit permet de gagner un temps précieux pour se mettre à l'abri d'un danger ; c'est lui qui a permis à l'espèce humaine de survivre en échappant rapidement aux prédateurs.
- **CIRCUIT LONG :** l'information est transmise *via* le thalamus au cortex (partie supérieure du cerveau), qui identifie le serpent *[c'est une couleuvre],* ce qui provoque l'inhibition de la peur en faisant appel à la cognition *[la couleuvre n'est pas dangereuse].* Ce circuit permet de mesurer le danger réel et d'adopter le comportement adéquat.

Progressivement, au cours de son développement, l'homme a modifié son environnement et développé son cerveau en faisant référence à cette mémoire de l'expérience ; « le système nerveux permet d'ajuster l'environnement à l'équilibre homéostatique interne en agissant sur cet environnement » (Henri Laborit). Il s'est de plus en plus attaché à faire confiance au circuit long, qui analyse les éléments constitutifs de ce qui est à l'origine de son émotion pour lui trouver des réponses efficaces.

Les spécialistes s'accordent aujourd'hui pour classer les affects de la manière suivante...

- **SENSATION :** perception corporelle due à un stimulus externe ou à une évocation mentale (chaud, froid, rugueux, lisse, tension, détente, etc.).
- **ÉMOTION :** phénomène physiologique spontané et bref (joie, colère, peur, tristesse, dégoût, surprise, etc.) ; décharge électrique + décharge hormonale + manifestations comportementales.
- **SENTIMENT :** phénomène affectif conscientisé qui se manifeste dans la durée (amour, haine, angoisse, etc.).

- ▷ **HUMEUR :** état intermédiaire entre émotion et sentiment qui s'installe dans la durée (lunatique, jovial, maussade, etc.).
- ▷ **TEMPÉRAMENT :** tendance à privilégier un type d'émotions (colérique, passionné, anxieux, etc.).
- ▷ **CARACTÈRE :** ensemble d'habitudes comportementales qui caractérisent une personne.
- ▷ **PERSONNALITÉ :** ce qui dans le caractère différencie une personne du reste de l'humanité.

Le cerveau des émotions, ou cerveau limbique

Selon Paul MacLean, notre cerveau est constitué de trois couches superposées qui ont leurs fonctions propres...

- ▷ Notre « cerveau reptilien », le plus ancien, constitué de la moelle épinière et du tronc cérébral, assure la survie de l'individu, règle les battements de son cœur, son rythme respiratoire, sa digestion, etc.
- ▷ Un deuxième cerveau plus élaboré, le « cerveau limbique », constitué de l'amygdale, de l'hippocampe et du cortex cingulaire, remplit trois grandes fonctions : la régulation des émotions au niveau du complexe amygdalien, la mémoire et l'affectivité au niveau de l'hippocampe et la régulation du comportement au niveau orbito-frontal.
- ▷ Le « cortex » et les lobes frontaux constituent le cerveau de la réflexion et de la cognition. Aujourd'hui, les chercheurs pensent que la partie du cortex qui s'appelle le « cortex limbique » (la couche située juste en dessous de la partie tissulaire que l'on peut voir lorsqu'on regarde le cerveau du dessus) joue un rôle dans le contrôle des états émotionnels.

Selon Marc Jeannerod, « les zones cérébrales en relation avec les différentes composantes de l'émotion ont été localisées à l'intérieur du système limbique [...]. Le circuit nerveux qui entretient et amplifie les réactions émotionnelles fait intervenir : l'hypothalamus (départ des réactions viscérales), l'amygdale (contrôle de l'expression comportementale), le cortex cingulaire (conscience de l'émotion), l'hippocampe (mémorisation des émotions). »

Lorsque nous percevons un stimulus dans notre environnement, c'est d'abord notre cerveau limbique qui compare avec une situation antérieure connue. Si le souvenir est agréable, l'individu éprouvera la motivation qui va activer son cortex, le préparant à agir pour retrouver ce plaisir. Si le souvenir est désagréable, l'individu éprouvera de la méfiance, méfiance qui va soit inhiber son cortex (circuit court), soit l'activer pour agir de manière à échapper au danger perçu (circuit long).

Le cerveau limbique étant imperméable à la logique, il ne sert à rien de dire « tu n'as pas de raison d'avoir peur » à quelqu'un qui a peur. Le but du cerveau limbique est de préserver notre équilibre en sélectionnant les informations qui, selon ce qu'il a déjà expérimenté, sont bonnes ou mauvaises pour nous. Il fonctionne sur des schémas préétablis et répétitifs.

Les différentes phases du processus émotionnel

Quand l'émotion surgit, c'est d'abord le corps qui parle. Nous pouvons affirmer que nous sommes émus si nous ressentons des changements dans notre métabolisme. Chaque émotion donne des sensations particulières.

Une bonne méthode pour se mettre à l'écoute de nos émotions est de surveiller l'apparition des premiers signaux à travers les changements dans notre organisme. Cette prise de distance est une méthode très utilisée dans les thérapies brèves de l'école de Palo Alto ; elle se nomme « tâche d'observation », et consiste à se mettre en position d'auto-observation au lieu de prendre l'événement en pleine figure. Cette prise de recul a un effet immédiat : elle ralentit notre métabolisme et modifie notre comportement. En modifiant notre comportement, nous influons sur le déroulement des événements et sur les acteurs de l'événement. C'est un premier pas vers une autre façon d'aborder le monde, un premier pas très important vers la reconquête et la maîtrise de soi. Cela vous demandera sûrement un réel effort, car nous ne sommes pas habitués à cet exercice.

C'est uniquement dans la première phase de l'émotion que vous pourrez intervenir efficacement. En effet, l'émotion se déroule en trois phases : montée en puissance, plateau et libération. La première phase, extrêmement rapide, dure à peine quelques secondes ; l'émotion surgit, le corps déverse un flot d'hormones dans le sang pour le préparer au combat ou à la fuite, l'émotion augmente en intensité, parvient à son paroxysme. Pendant la deuxième phase, dite de plateau, l'organisme est en tension, l'intensité plafonne ; la durée de cette phase est variable en fonction du contexte et de notre propension à l'alimenter. Enfin, pendant la troisième phase, la phase de décharge, on libère l'émotion ; si cette phase ne peut se faire, l'organisme reste en tension et en souffrance.

Après cette dépense d'énergie, l'organisme se répare progressivement. Cette phase de récupération, qui est beaucoup plus lente, peut s'étendre sur plusieurs heures : le cortisol libéré par les glandes surrénales répare les organes, et l'organisme retrouve petit à petit son équilibre (température habituelle, relâchement musculaire, rythme cardiaque normal, retour à un rythme respiratoire plus ample...) ; on éprouve souvent une très grande fatigue pendant cette phase.

De quoi l'émotion nous informe-t-elle ?

Tout organisme vivant tend à maintenir son équilibre pour assurer sa survie, mais cet équilibre est sans cesse menacé par les circonstances changeantes de l'environnement (température, bruit soudain, apparition d'un danger, etc.). Cette rupture d'équilibre nécessite une adaptation permanente de l'organisme vers un nouvel équilibre.

L'émotion nous informe de cette rupture. En alertant l'organisme et en le préparant à l'action, l'émotion participe au maintien de l'intégrité de notre structure physiologique et psychique. On peut dire que l'émotion nous aide à maintenir le mouvement de la vie en nous. Par exemple, en nous informant d'un danger imminent, la peur nous pousse à réagir pour nous protéger.

On distingue quatre émotions de base : la colère, la peur, la tristesse et la joie ; certains spécialistes y ajoutent la surprise et le dégoût. Dans cet ouvrage, nous ne traiterons que des quatre émotions principales, tous les autres affects étant des prolongements de ces émotions de base (le trac et l'inquiétude sont des prolongements de la peur, l'agacement comme l'impatience sont des prolongements de la colère, etc.).

Qu'est-ce que la colère ?

Elle est bouillonnement intérieur, tension. Sous l'effet de la colère, le pouls s'accélère, la pression sanguine augmente, l'organisme déverse une quantité de testostérone qui prépare au combat ; « tout en moi prend son poste de combat et mes muscles qui veulent intervenir me font mal » (Henri Michaux, *La nuit remue*). C'est ainsi que la colère se confond souvent avec la violence des comportements qu'elle induit.

La colère survient lorsque nous ressentons de la frustration, une injustice, une intrusion sur notre territoire ou une entrave à notre liberté. Elle mobilise notre énergie pour s'opposer. Nous luttons pour défendre nos droits et notre identité. La colère exige une réparation.

Lorsqu'on a la possibilité d'exprimer sa colère, on ne somatise pas ; quand la colère est entendue, on est réparé. Attention : la culpabilité est de la colère retournée contre soi.

▷ **FONCTION DE LA COLÈRE :** défense de territoire, défense d'intégrité, rétablissement de la justice, réparation.

Qu'est-ce que la peur ?

La peur nous signale un danger qui menace notre intégrité. Elle mobilise notre organisme en le préparant à l'évitement ou à l'affrontement. Si ces deux réactions sont impossibles, par exemple face à un ennemi trop puissant ou si nous nous trouvons coincés dans un endroit ou une situation sans issue, notre réaction sera le repli sur nous-mêmes, tel l'animal qui se fond dans le décor pour échapper à un prédateur.

L'anxiété, le trac, la phobie, la panique, l'angoisse, l'inquiétude, la méfiance, la crainte, le tourment sont des sentiments qui sont mis en place pour se protéger de l'émotion « peur ».

Sous l'effet de la peur, l'organisme reçoit une décharge d'adrénaline qui le prépare à affronter le danger. Le cerveau fonctionne beaucoup plus vite grâce à un apport supplémentaire de sucre.

Toutes les peurs non dominées engendrent une perte de confiance en soi, une baisse de l'estime de soi qui fragilise l'individu en modifiant sa représentation du monde *[le monde est plein de dangers qui me menacent]*, ce qui a pour conséquence d'induire d'autres peurs, notamment la peur d'avoir peur.

▷ **FONCTION DE LA PEUR :** protection de notre intégrité, anticipation (recherche d'informations et de solutions), autoprotection.

Qu'est-ce que la tristesse ?

La tristesse est une réaction émotionnelle face à une perte. Elle nous entraîne sur le chemin du renoncement et du deuil : il va falloir apprendre à vivre sans cette personne, cet objet ou cette situation. Notre réaction à la tristesse est le repli sur soi pour apprendre à exister autrement. C'est ce qu'on appelle « faire son deuil ».

Le deuil est un processus qui comporte des étapes à franchir dans un ordre bien précis : le choc, le déni, la colère, le marchandage et, enfin, l'acceptation (phase de la tristesse). Quel que soit l'objet de notre perte, toutes ces étapes sont importantes, elles nous aident à nous reconstruire autrement. Les étapes du deuil sont décrites dans *La Mort intime,* un ouvrage de Marie de Hennezel.

▷ **FONCTION DE LA TRISTESSE :** acceptation d'une perte et réparation (dernière phase du deuil), intégration à la réalité.

Qu'est-ce que la joie ?

La joie nous invite à aller vers les autres, à partager. Elle nous ouvre à la vie, à l'amour, et comble notre besoin de reconnaissance et d'appartenance. Elle nous fournit l'énergie nécessaire à supporter les autres émotions en nous faisant expérimenter notre force et nos ressources. La joie désinhibe.

La joie partagée s'intensifie, c'est la raison pour laquelle nous fêtons avec les autres les événements heureux de notre vie. La joie nous aide à faire des choix (là où il y a de la joie, c'est la bonne voie). En progressant dans la connaissance de soi, nous découvrons ce qui est à la source de nos joies. Il est question ici de la racine de la joie, non des plaisirs, qui ne seraient que des indicateurs de surface : par exemple, une femme affirme qu'elle éprouve de la joie parce que son mari lui a offert un bijou ; il se peut, bien sûr, qu'elle éprouve du plaisir à observer une pierre de couleur sur sa main, mais ce qui la rend heureuse en fait – la source de sa joie –, c'est que, par ce geste, son mari lui accorde une valeur ; il nourrit en elle le besoin d'estime de soi. Ainsi, comprenant les situations génératrices de joie pour soi, chacun cherchera à reproduire les situations qui vont la provoquer.

Lors d'une joie intense, les circuits nerveux sont saturés d'endorphines. Nous éprouvons sans cesse le désir de retrouver cet état particulier. Cette recherche est fort bien décrite dans *L'Ultime Secret,* un roman de Bernard Werber.

▷ **FONCTION DE LA JOIE :** la joie participe au maintien de la vie, sert notre épanouissement, aide à choisir, indique la bonne voie, crée une référence positive dans notre vie.

Les émotions sont des ensembles compliqués
de réponses chimiques et neuronales qui forment
une configuration ; toutes les émotions ont telle
ou telle sorte de rôle régulateur à jouer, contribuant
ainsi d'une manière ou d'une autre à la création
de circonstances avantageuses pour l'organisme
qui manifeste le phénomène ; les émotions
ont trait à la vie d'un organisme, à son corps pour
être précis, et leur rôle est d'aider l'organisme
à se maintenir en vie.

ANTONIO DAMASIO

Les quatre émotions de base difficiles à gérer

Conflits familiaux, peur du jugement, ruptures sentimentales, coups de foudre font partie de notre quotidien, comme les conflits dans le travail, la peur de prendre la parole en public, la perte d'un être cher ou le succès à un examen. Qui d'entre nous n'a pas vécu au moins une fois dans sa vie ces situations, génératrices d'émotions parfois bien difficiles à gérer ?

Colère, peur, tristesse et joie rythment nos vies. De la façon dont nous gérons ces quatre émotions de base dépend en grande partie la qualité de notre vie et de nos relations.

La colère

Les conflits entre parents et enfants

À 3 ans, les enfants réclament des bonbons à la caisse du supermarché en hurlant ; à 9 ans, ils regardent la télé en oubliant de faire leurs devoirs ; à 13 ans, ils s'enferment dans leur chambre en claquant la porte ; à 15 ans, ils s'opposent systématiquement à toutes vos idées et vous imposent une musique assourdissante ; à 17 ans, ils se teignent les cheveux en vert, se font tatouer les reins, percer les paupières, et vous imposent leurs petites amies...

Les prétextes de conflits ne manquent pas entre parents et enfants, quel que soit l'âge, et les parents les plus solides, les mieux intentionnés du monde ne pourront pas les éviter tous.

Viendra le jour où, un peu plus fatigués que de coutume, ils vont craquer.

Les conflits dans le couple

Il aime l'ordre : cela le rassure d'avoir tous ses papiers classés, ses documents rangés, et de la même manière ; il aime que ses vêtements soient toujours pliés et à la même place. Elle est bohème : elle laisse tout traîner, elle sait qu'il rangera ; elle aime ce joyeux désordre, c'est pour elle le signe que sa maison est vivante. Chaque week-end est pour le couple l'occasion de se disputer. Il ne « retrouve plus rien, c'est un foutoir, cette maison » ; elle trouve qu'il leur « gâche la vie avec cette maladie de l'ordre ». Après s'être lancé à la figure quelques vérités cinglantes, ils rangent chacun de leur côté en se faisant la tête, lui comme elle se sentant contraints par l'autre. La maison est bientôt en ordre, mais le week-end est déjà à moitié gâché.

L'ordre et le désordre, le programme de télévision, le lieu de vacances, l'emploi du temps du week-end, le manque d'argent, les repas de famille, l'éducation des enfants, le ramassage des poubelles, la vaisselle à laver, le linge à repasser... la vie en couple est un creuset de conflits latents. La fatigue, les insatisfactions, les petits renoncements, le manque de communication exacerbent à notre insu les motifs de désaccord.

Les conflits au travail

L'une est jeune et pleine de rêves ; elle sort de l'école et croit que le monde du travail l'attend ; elle a plein d'idées nouvelles pour réorganiser le service. L'autre a vingt ans de bons et loyaux services dans l'entreprise ; elle est un peu désabusée, mais les habitudes et un salaire correct lui assurent un certain confort ; elle ne veut plus rien changer, le quotidien ronronne et, somme toute, l'entreprise fonctionne. Le conflit est alors inévitable entre ces deux générations, dont les objectifs et les besoins s'affrontent à travers chaque situation.

Bientôt, ce qui n'était qu'agacement réciproque devient conflit ouvert, d'abord conflit d'idées, puis conflit de personnes. Chacune, se sentant menacée par la présence de l'autre, se bat pour assurer sa place, défendre son territoire. Dans le film d'Alain Resnais *Mon oncle d'Amérique,* Raguenau se voit dépossédé de son pouvoir par un nouveau venu. Ce conflit de pouvoir le détruit et l'amènera à tenter de se suicider.

Les conflits en situation d'apprentissage

Ils se sont inscrits à un stage de préparation au concours d'entrée dans les administrations ; ils ont pour but de réussir leur épreuve et ils attendent de leur formateur qu'il leur en fournisse les moyens, mais ce dernier ne peut pas faire de miracle, et le conflit éclate : « J'ai payé assez cher, qu'est-ce que vous obtenez comme résultat d'habitude ? »

L'enfant ne sait pas résoudre une équation ; il n'ose pas demander à nouveau une explication devant ses camarades ; le professeur croit qu'il a compris. Au contrôle suivant, il obtient un zéro. Colère, reproches, bouderie, larmes et punition…

Pourquoi l'acte d'apprendre, qui devrait être ponctué par la joie de la découverte, par la révélation des prises de conscience, par la satisfaction de la maîtrise, est-il si souvent douloureux en institution ? Quelle est la source de tous ces conflits larvés ou ouverts entre enseignants et apprenants ?

La peur

La peur du changement

Il voudrait bien déménager, mais il s'inquiète. Les loyers sont si chers, il ne trouvera jamais un appartement aussi grand pour la même somme. Et puis, aura-t-il des moyens de locomotion pratiques pour se rendre à son travail ? Qui va l'aider à transporter ses meubles ? Est-ce que les déménageurs ne vont pas casser des bibelots ? À chaque fois que ses amis évoquent son déménagement probable, il se sent mal car il sait bien que ces excuses n'en sont pas. La vérité est qu'il ressent une peur confuse, la peur du changement, et que cette peur n'est fondée sur rien de tangible à ses yeux. En fait, il aimerait que ce soit déjà fini et qu'on n'en parle plus.

La peur des autres

Il vient de décrocher un rendez-vous pour un entretien avec son futur employeur. Il connaît l'entreprise, il a pu joindre son interlocuteur au bout du fil et celui-ci a l'air particulièrement intéressé par sa candidature. Il devrait être heureux. Pourtant, il a peur. Peur d'être surpris par le déroulement de l'entretien, peur de ne pas plaire, peur de ne pas savoir répondre aux questions, peur de rougir ; il se demande comment il va s'habiller, s'il faut ou non tendre la main le premier pour dire bonjour, s'il doit avoir l'air sûr de lui ou, au contraire, s'il doit être réservé, et bien d'autres choses encore. Il a peur du jugement qu'on va porter sur lui.

La peur de la mort

Coluche disait : « La vie est une maladie mortelle sexuellement transmissible. »

On peut penser que la peur de la mort est à l'origine de toutes nos peurs. L'homme souffre de sa finitude, et encore plus d'ignorer quand et comment il va mourir. Avec la vie, ce merveilleux cadeau que lui font ses parents, il reçoit la promesse de la mort et l'angoisse qui l'accompagne. La seule certitude qu'il a de son avenir, c'est qu'il mourra à la fin.

Cette évidence rend tout le reste précaire, aléatoire, fragile, instable. Est-il prudent de construire sa maison sur du sable ? Toutes nos actions semblent alors condamnées à terme, et notre peur viscérale de la destruction, de l'anéantissement, de l'oubli donne naissance à toutes les autres peurs qui nous empoisonnent la vie : Et si on ne m'aimait plus ? Et si je n'étais pas capable, pas à la hauteur ? Et si je tombais malade ? Et si j'avais un accident ? Et si je perdais ceux qui me sont chers ? Et si je perdais mon emploi, ma maison, ma beauté, ma raison ? Si on me faisait du mal ? Si je me perdais...

La peur de l'échec

La société occidentale est particulièrement sévère avec ceux qui échouent. Il faut depuis l'enfance « réussir » partout, et si possible être le meilleur : il faut être le premier à l'école, le plus rapide à la course à pied, il faut réussir son bac, réussir son permis de conduire, trouver rapidement un emploi satisfaisant, faire une brillante carrière, un beau mariage, bien élever ses enfants, ne pas tomber malade... Tout échec provoque la déception de l'entourage *[on a tellement cru en lui]* ; on rend celui qui vit l'échec responsable de son échec. C'est pour lui une double punition : non seulement il ne parvient pas à atteindre son but, mais en plus il fait de la peine autour de lui. La culpabilité vient alors renforcer sa tristesse et sa perte de confiance. Pour être capable d'agir à nouveau, il devra se pardonner et retrouver un peu de confiance en lui. Sinon, toute action qui présente le moindre risque de ne pas aboutir sera inhibée.

La tristesse

La rupture sentimentale

La rupture sentimentale est toujours douloureuse. Elle nous atteint dans notre intimité. Elle sape nos certitudes, notre confiance ; elle fait vaciller notre ego, elle nous renvoie une image dévalorisée et fragile de nous-mêmes.

Elle nous prive d'une source de joie, elle nous prive du regard bienfaisant de l'autre. Tout à coup, on doute, on a peur, on cherche en soi les raisons de la rupture, on se sent rejeté, abandonné, on hésite entre sentiment d'injustice et culpabilité, entre désespoir et haine de l'autre, de cet autre en qui nous avions tant cru, de cet autre à travers lequel nous nous sentions exister.

Au-delà de l'amour sincère que l'on pouvait porter à l'autre pour ses qualités propres, il y a toujours dans cette souffrance le chagrin de perdre un miroir qui nous renvoyait une image valorisée de nous. Nous existons d'abord dans le regard de l'autre : plus ce regard est valorisant, plus notre confiance en nous-mêmes se fortifie.

La perte d'un être cher

La perte d'un être cher est l'une des douleurs que nous redoutons le plus. Non seulement elle nous prive à tout jamais de la présence de l'autre, mais, en plus, elle nous renvoie à notre propre finitude. On est vivant parce qu'on mourra. Tout ce qui vit doit disparaître. Tout à coup, la précarité de la vie apparaît comme une évidence. L'autre était là, il a abandonné son corps. Pour aller où ? On s'invente des dieux et des paradis éternels pour apaiser l'angoisse du vide, pour meubler le silence assourdissant que la perte d'un être cher laisse derrière elle. On se sent abandonné, trahi, oublié, victime d'une injustice, impuissant. Surtout impuissant. Ni nos larmes, ni nos cris, ni nos prières ne pourront faire revenir la vie et le mouvement dans ce corps-là. Alors on se sent véritablement fragile et tout petit. Avant la disparition d'un être cher, nous avons une conception intellectualisée de la mort ; après, nous en avons une connaissance émotionnelle, donc plus tangible, vécue dans notre corps.

L'échec personnel

Si la peur de l'échec se situe en amont de l'épreuve, la tristesse, quant à elle, suit immédiatement le résultat de celle-ci. C'est la punition qu'on s'inflige pour avoir échoué.

Être collé à un examen ou recalé à un entretien d'embauche, faire un mauvais choix, rater une béchamel ou manquer un rendez-vous, ce n'est pourtant pas rater sa vie. Nous n'avons pas été à la hauteur de notre attente lors de la réalisation d'une tâche, et plutôt que de juger le travail mauvais nous pensons que c'est nous qui sommes médiocres.

Nous jetons bien souvent le bébé avec l'eau du bain. Peut-être ce réflexe a-t-il été acquis dans notre enfance, lorsque nous ne parvenions pas à rendre un bon travail au professeur ; nous étions jugé « nul », alors que seule notre approche d'une matière particulière n'était pas adaptée à l'attente de l'adulte.

La joie

La joie correspond à un état de cohérence interne. On se sent relié avec le reste de l'univers. La joie peut avoir des conséquences de deux ordres : bien ancrée dans nos souvenirs, elle constitue un événement de référence et une ressource d'énergie bienfaisante ; mal canalisée, elle peut, en nous désinhibant, nous faire agir contre nos propres intérêts, en nous poussant par exemple à adopter des comportements à risques. Elle peut aussi entretenir toutes sortes de fantasmes dangereux, comme celui de la toute-puissance.

Tomber amoureux

« Parce que c'était lui, parce que c'était moi… »

Le coup de foudre emporte les amoureux dans son tourbillon. La vie les enivre, ils ont le bonheur éternel à portée de main, ils saisissent cette chance à bras-le-corps. Ils ont envie de chanter, de danser, ils rient de tout et de rien. Ils rayonnent. Ils ne font plus qu'un seul être. Rien ne peut les troubler. Tomber amoureux, c'est vivre à plein régime. On a envie de crier notre amour au monde entier. Les amoureux sont beaux et lumineux. Comment retenir, nourrir, faire durer ces instants magiques ?

Bien ancré dans notre mémoire, le souvenir de l'instant du coup de foudre nous donnera une belle confiance en la vie, mais attention au fantasme de fusion, qui pourrait devenir destructeur à terme.

Donner la vie

Si vous demandez à un groupe de femmes de vous raconter le plus beau moment de leur vie, celui où elles ont éprouvé le bonheur le plus intense, il est fort probable que huit femmes sur dix vous raconteront la naissance de leur enfant, le bonheur extraordinaire de prendre ce petit être pour la première fois contre leur sein, de souffler après la souffrance. Car enfanter, c'est aussi s'enfanter soi-même, revivre le moment de sa propre naissance, s'enivrer de l'espoir de construire un être nouveau, avec ses propres critères, et de réparer les erreurs du passé.

Ici encore, ce souvenir ravivé donne à celles qui l'ont vécu un sentiment de plénitude et de puissance. Elles se sentent proches des dieux. Attention cependant au mythe de l'enfant réparateur et de l'enfant parfait, et à la déception inévitable qui s'ensuit.

Gagner aux jeux d'argent

S'il vous est arrivé de gagner, ne serait-ce qu'une toute petite somme d'argent, à une loterie ou aux machines à sous, vous avez sûrement éprouvé l'ivresse du gagnant, la certitude que c'est votre jour de chance, qu'enfin le destin se montre clément, qu'il reconnaît vos mérites et vous paie en retour ! Et vous avez aussi très certainement ressenti la tentation de rejouer qui accompagne cet état d'exaltation. Et si c'était vraiment votre jour de chance ? Si vous empochiez le jackpot ? Ce serait trop bête d'abandonner si près du but ! Ah ! Pouvoir ressentir encore une fois cette ivresse, cette jouissance, les hormones du plaisir qui inondent le cerveau et vous donnent l'illusion de la toute-puissance... et prendre le risque de tout perdre !

La fête

Mariages, baptêmes, crémaillères, soirées en boîte, carnavals ; les fêtes ont pour objet de faire jaillir la joie à travers des situations de plaisir : plaisir d'être ensemble, plaisir de bien manger, de s'enivrer, de danser, de plaisanter, de s'embrasser, de se faire beau, de se réconcilier, de chanter... Photos et films fixeront ces moments d'émotion, quelques instants d'insouciance, un cadeau de la vie. Vous avez sans doute quelques-unes de ces photos dans vos albums, et le simple fait de les regarder ravive en vous la joie que vous avez éprouvée alors. Pourtant, ici encore, attention à la joie qui désinhibe : souvenez-vous de l'oncle Gaston, complètement éméché, qui a dit ses quatre vérités à la tante Irma, et des larmes d'Irma qui ont bien failli gâcher la fête !

Si vous avez dû faire face à l'une de ces situations, vous savez que l'émotion est parfois difficile à gérer

L'émotion, ce bouillonnement en nous, souvent imprévisible, si rapide et si intense, qui bouscule nos certitudes et nos bonnes résolutions, fait fi de nos bonnes manières et de notre éducation, nous pousse vers le risque et l'inconscience. Comment le comprendre, l'apaiser, le canaliser, l'apprivoiser, et même l'aimer ? Comment se réconcilier avec soi-même, atteindre la sérénité ou, tout au moins, un certain équilibre ?

Vous avez probablement déjà lu beaucoup de livres qui vous invitent à « lâcher prise », à « stopper le mental », et pourtant, dans l'instant où survient l'émotion, tous ces mots ne sont plus que des mots : vous êtes en colère, vous êtes triste ou vous avez peur, et vous vous sentez fragile, impuissant et malheureux ; vous ne savez plus que faire de ces émotions qui vous épuisent, et vous ne pouvez maîtriser ces comportements qui vous culpabilisent.

Pour enfin vous réconcilier avec vos émotions, cet ouvrage vous propose, d'une part, des informations sur le fonctionnement de l'émotion, son utilité et ses liens avec nos besoins, et d'autre part des outils très simples pour gérer vos émotions au quotidien.

Pourquoi l'émotion pose-t-elle problème ?

Celui qui n'est pas capable de réprimer ses émotions est jugé faible

« Il ne sait pas se contrôler », « il s'est laissé emporter », « il n'a aucune maîtrise », « il a peur de tout », « il pleure pour un rien » sont, entre autres, les commentaires habituels réservés aux plus fragiles, à ceux qui n'ont pas une carapace suffisamment solide pour dissimuler leurs orages internes. En effet, pour répondre à la norme sociale, il convient de garder le contrôle de soi en réduisant au silence l'émotion.

Selon les époques, les émotions ont été considérées comme une faiblesse de l'âme, une caractéristique plutôt féminine ; elles ont été assimilées à un manque : manque de volonté, de courage, de sagesse, de maîtrise... Au mieux, les émotions ont été assimilées à un mal dont il convenait de se détourner pour s'intéresser à la raison pure et aux sciences exactes ; au pire, elles ont été assimilées au péché, à une tendance opposée à la vertu, à la force de caractère et même à l'intelligence. Jusqu'à ces dernières décennies, l'émotion avait été complètement exclue du champ des sciences cognitives.

Réprimer ses émotions est donc une attitude apprise

« Un petit garçon ne pleure pas », « une petite fille ne se met pas en colère », « tu es un homme ou une poule mouillée ? », « sois courageux », « n'aies pas peur » (sous-entendu, « ne montre pas que tu as peur »), « ne t'excite donc pas comme cela », « c'est bientôt fini cette comédie ? », « reste digne » sont quelques-unes des recommandations auxquelles nous avons tous été soumis pour assurer le bon fonctionnement de la vie sociale. Pourtant, réprimer ses émotions est un travail qui impose de se faire violence, de faire taire en soi quelque chose d'impérieux qui plaide pour nous, qui s'exprime dans le sens de notre équilibre, de notre bien-être. Réprimer ses émotions, que ce soit par respect pour les autres, pour ne pas dévoiler ses faiblesses ou pour tromper l'autre, est toujours un acte très coûteux en termes de somatisation et de quiproquos avec soi-même, car, en agissant ainsi, nous renonçons à nos besoins, nous nous trahissons.

Plutôt que de nier l'émotion, de tenter de l'étouffer, n'aurions-nous pas intérêt à l'accueillir pour mieux la gérer ?

L'émotion mal gérée est cause de souffrance

Ce qui provoque la souffrance, c'est d'abord le sentiment d'impuissance que nous anticipons devant la survenue d'une émotion, l'effort que nous faisons pour réprimer cette émotion, la culpabilité et la honte que nous ressentons devant notre incapacité à la gérer. On se sent comme dépossédé de soi-même, dominé par quelque chose en soi de plus fort que soi ; cela n'est pas sans nous rappeler le fameux « je est un autre » de Freud.

Parfois même, la souffrance provoquée par l'émotion est un véritable enfer, et peut déboucher sur des pathologies graves. C'est la raison pour laquelle il est important d'apprivoiser l'émotion avant qu'elle ne devienne notre maître ; il n'est pas nécessaire d'attendre d'aller mal pour avoir envie d'aller mieux.

Pour William Reich, l'émotion provoque toujours un blocage respiratoire qui s'inscrit dans la mémoire du corps sous forme de « zones de blocage ». Toujours selon Reich, les blocages s'inscrivent dans les points importants de circulation de l'énergie, les yeux *[je ne veux pas voir, je ne peux pas pleurer]*, la bouche *[je ne peux pas crier, m'exprimer]*, la gorge *[je ne peux pas déglutir, ma voix est étranglée]*, les épaules *[je porte le poids d'une souffrance, mon dos est douloureux]*, le diaphragme *[j'étouffe]*, le ventre *[j'ai des troubles intestinaux]* et les organes génitaux *[je souffre de frigidité, d'éjaculation précoce]*. Ainsi, pour chaque zone du corps, on peut, en repérant les troubles psychosomatiques associés *[quand il me dit cela, je ressens une douleur à tel endroit]*, tenter de débloquer les nœuds de souffrance inscrits dans le corps en laissant l'émotion s'exprimer. Lorsque l'émotion n'est pas réprimée, l'énergie circule librement dans le corps, et on se sent en bonne santé.

Nos réponses comportementales à l'émotion ne tiennent pas compte de nos besoins

Dans ce monde dominé par la performance, l'efficacité et la rentabilité, il est important de faire taire nos émotions. Cette dictature de la raison et de la maîtrise impose le silence de l'émotion. Dans l'urgence de ne pas laisser paraître la moindre faille émotionnelle, nous privilégions alors, le plus souvent, des comportements de fuite, de lutte ou de repli sur nous-mêmes face aux situations qui nous perturbent :
– comportement de fuite (mensonge, agitation, évitement, oubli, mauvaise foi, lâcheté, hyperactivité, rejet, etc.) ;
– comportements de lutte (violence, autoritarisme, inquisition, intolérance, pression, agressivité, sarcasmes, chantage, médisance, etc.) ;

– comportements de repli sur soi (fatalisme, non-implication, impuissance, fatigue, absence d'expression, dépression, introversion, retraite, etc.).

Si, à court terme, ces réponses comportementales s'avèrent efficaces dans le sens où elles apaisent instantanément la tension créée par l'émotion, elles ne servent pas nos intérêts à long terme puisqu'elles ne prennent pas en compte les besoins fondamentaux qui sous-tendent ces émotions.

En effet, l'émotion nous signale toujours que l'un de nos besoins fondamentaux pour la construction de notre vraie personnalité n'est pas comblé. Or, renoncer à ses besoins, c'est déjà renoncer à sa personnalité, cet ensemble de caractéristiques qui constitue ce que nous sommes. Nous nous identifions à notre personnalité, et c'est la raison pour laquelle il est important pour chacun de nous de connaître et d'affirmer nos besoins spécifiques. Cette attitude de cohérence entre ce que nous ressentons et nos actes donnera à nos interlocuteurs la sensation que nous parlons « vrai ». Si nous osons affirmer notre différence et notre vérité, on dira de nous que nous avons une forte personnalité. À l'inverse, si nous avons tendance à suivre l'opinion générale en niant nos besoins, si nous sommes influençables ou si nous avons du mal à faire des choix, on dira de nous que nous avons peu de personnalité.

Il apparaît donc nécessaire de croire en sa propre expérience subjective et de l'adapter au contexte. Le fait de croire en ses critères d'évaluation internes et de les adapter aux jugements externes permet de ne pas se sentir menacé par la rencontre avec l'autre, différent.

Enfin, ne désespérez pas de trouver votre vraie personnalité si tous vos efforts pour gérer vos émotions ne vous apportent pas rapidement les résultats escomptés. Selon Christophe André, psychiatre et psychologue, « l'âge apporte une stabilisation des émotions, moins de montagnes russes et une augmentation des émotions positives ». Sans toutefois généraliser, on peut espérer, avec l'âge, que le ralentissement du métabolisme apaise les orages hormonaux et que la nécessaire économie d'énergie impose une meilleure gestion des réactions comportementales.

Quand l'émotion perturbe le jugement

Pensez-vous être de ceux qui se laissent influencer par la publicité à la télévision ? Vous allez sans doute répondre à cette question par la négative, car tout l'art de ce manipulateur qu'est le publicitaire réside dans sa capacité à vous faire croire que vous êtes le seul décideur de vos choix.

Bien entendu, vous n'achetez pas le jambon fumé à cause de la jolie robe de la maîtresse de maison, ni de la musique qui accompagne la fête au jardin magnifique, mais uniquement parce que vous avez besoin de manger du jambon fumé !

Bien entendu, vous n'utilisez pas le produit ménager Monsieur Machin à cause du grand costaud en tee-shirt moulant qui surgit dans la cuisine tel le génie d'Aladin sortant de sa lampe magique ! Quelle drôle d'idée d'imaginer cela ! Vous achetez ce produit parce que vous avez besoin de ce produit-là, bien sûr !

Et le choix de votre café ? Dépend-t-il de son goût et de son prix ou de la longueur des jambes du mannequin qui le déguste dans son loft blanc ?

Le publicitaire ne cherche pas à vous influencer en vous présentant froidement la composition des produits, par exemple, il cherche à vous séduire en réveillant vos émotions. Il ne fait pas appel à votre cortex, mais à votre cerveau limbique. Chaque spot publicitaire raconte une tranche de vie, une petite histoire que chacun de nous peut investir, dans laquelle il peut se projeter, idéaliser sa vie. Si je fais cuire un gâteau au chocolat de telle marque, mes enfants m'aimeront davantage ; si je porte telles chaussures de sport, je vais être l'égal de Zidane ou de Ronaldo ! Et cela fonctionne à merveille, puisque les fabricants investissent des millions d'euros dans le secteur publicitaire. Il faut bien admettre que nous sommes les victimes consentantes de tous ces manipulateurs du jugement. Nous leur pardonnons et nous dépensons notre argent avec joie, persuadés de la pertinence de nos choix, uniquement parce qu'ils savent nous séduire.

Que penser également de l'émotion suscitée par le premier baiser ou par le premier rapport sexuel chez les adolescents ? Le nombre et l'intensité des émotions éprouvées par ces derniers perturbent souvent leur jugement. Ils sont ainsi submergés – les filles ont souvent les larmes aux yeux et les garçons se cachent pour pleurer –, simplement par la quantité de sensations nouvelles qu'ils craignent de ne pouvoir contrôler et sur lesquelles ils parviennent difficilement (les garçons surtout) à mettre des mots. On peut voir apparaître chez des jeunes, qui jusqu'à présent agissaient normalement, des comportements inadaptés, comme l'agressivité envers les parents, l'idéalisation d'un partenaire ou le désintérêt pour les études. Ils jugent le monde autour d'eux en fonction de leurs émotions.

À travers ces exemples, on voit à quel point l'émotion peut fausser notre appréciation et nous faire adopter des comportements contraires à nos intérêts.

Il peut être utile de modifier le regard que nous portons sur nous-mêmes afin d'être moins influençables, de retrouver un peu d'autonomie dans nos jugements. Ce regard, c'est d'abord le regard des autres, de notre famille, de la société dans laquelle nous avons grandi. Enfant, nous l'avons accepté, validé. Adolescent, nous nous sommes peut-être révoltés, souvent de manière anarchique, systématique et désordonnée, puis, l'âge adulte venant, nous avons oublié la révolte. Finalement, les vérités que les autres affirment sur notre compte sont rassurantes ; même si elles ne nous conviennent pas tout à fait, elles nous font exister à leurs yeux. Il arrive pourtant que nous nous interrogions : ces vérités sur notre compte sont-elles « nos » vérités ou celles des autres ? Ne sommes-nous pas en train de nous éloigner de nous-mêmes alors que nous les validons tacitement ? Et si nous observons le monde à travers le regard d'un autre, comment faire confiance à son propre jugement, comment avoir de l'estime pour soi ?

Nos émotions modifient notre personnalité

Nous percevons le monde à travers nos cinq sens, qui envoient des messages au cerveau. Le cerveau les décode afin de nous permettre de répondre aux situations avec le plus de pertinence possible. Parfois, le décodage se fait uniquement par le cortex : lorsque je fais une addition (25 + 32 = 57, par exemple), je n'éprouve alors aucune émotion. Il arrive néanmoins souvent que l'émotion se mêle à la réflexion : si, au moment où je fais mon addition, je me souviens d'un instituteur qui me terrorisait, tout à coup je ne suis plus du tout sûr du résultat, je suis troublé et obligé de m'y reprendre à deux fois.

L'émotion, lorsqu'elle se présente, prend toujours l'ascendant sur la raison. Dans l'exemple précédent, il est nécessaire d'interroger l'émotion sur sa raison d'être et de la congédier calmement puisqu'elle nous parle d'un événement passé. Lorsqu'elle est trop forte, l'émotion submerge le raisonnement et prend les commandes de notre comportement, même si nous avons conscience que notre réponse comportementale est inappropriée à la situation. Si nous ne nous interrogeons pas, si nous cédons à notre impulsivité, notre comportement sera toujours le même. C'est ainsi qu'une même réponse à un même stimulus construit progressivement une habitude comportementale qui devient une seconde nature.

Les habitudes comportementales, même inconfortables, nous sécurisent. Elles nous confortent dans nos choix. Nous avons l'habitude de réagir de telle manière à telle situation, alors nous disons volontiers : « Je suis comme cela ! » Cette affirmation, en nous étiquetant, construit notre image à nos propres yeux et aux yeux des autres : nous « sommes » coléreux, peureux, indifférents, joyeux... Alors qu'il ne devrait s'agir que d'états passagers, nous nous rigidifions dans des caractéristiques, nous avons tel caractère. Ainsi se construit notre personnalité.

Non seulement l'émotion influence notre caractère, mais elle modifie également la forme de notre corps. Par des postures répétitives, comme le fait de crisper ses muscles face à la peur ou de courber le dos sous le poids de la tristesse, le corps se modifie au fil des émotions que nous vivons. Celui qui se met souvent en colère prend l'habitude de froncer les sourcils, et creuse jour après jour une ride entre ses yeux ; celui qui est souvent triste a le coin des lèvres qui tombe trop souvent, les petits muscles autour de la bouche perdent progressivement leur tonicité, son regard est plus souvent dans le vague que cet autre qui rit facilement et se fabrique ainsi des pattes-d'oie au coin des yeux.

Chaque émotion, en influençant nos réponses comportementales, modifie durablement notre caractère, nos rides d'expression, notre voix, nos gestes, la forme de notre corps et, par là même, toute notre personnalité.

Le tableau ci-après vous aidera à repérer comment se forge une personnalité à partir de la façon particulière dont chacun gère ses émotions.

Émotion souvent éprouvée par un même individu	**Comportement** le plus souvent adopté par un même individu en réponse à une même émotion	**Attitudes** exemples d'attitudes corporelles accompagnant un même comportement	**Caractéristiques** les plus souvent identifiées par les autres et permettant de définir un individu à travers ses attitudes	**Traits de personnalité** se dessinant au fil du temps
Peur	Fuite	Dos rond, épaules creuses Gestes rapides et courts Marche rapide Regard fuyant Sursauts	Craintif, couard Égoïste Facilement agacé	Inquiet, angoissé Nerveux
Peur	Lutte	Tensions musculaires Gestes rapides et amples Regard vif Menton en avant	Agressif Imprévisible Paranoïaque Irritable Impatient	Dominateur Anxieux Leader Autoritaire
Peur	Repli	Absence d'expression faciale Immobilité du corps Économie de gestes Regard baissé, sourcils froncés	Manque de courage, lâche Égoïste Toujours fatigué Absent	Fataliste Dépressif Tendance à la dévalorisation de soi

Émotion	**Comportement**	**Attitudes**	**Caractéristiques**	**Traits de personnalité**
Colère	Fuite	Agitation Difficultés respiratoires Boulimie Bégaiement	Paniqué Dégonflé Toujours affolé Jamais content Crispé	Fragile Nerveux Impatient
Colère	Lutte	Tensions musculaires Cris, voix forte Gestes larges Torse bombé	Autoritaire Intolérant Violent Irritable	Anxieux Combatif Dominateur Leader
Colère	Repli	Mâchoires serrées Visage crispé Gestes violents et courts détournés contre les objets	Compliqué Lunatique Pas franc	Impuissance Fataliste Absence de centre d'intérêt
Tristesse	Fuite	Regard fuyant Sourcils légèrement froncés Tête baissée	Timide Coincé Distant	Évitant Inaccessible Sauvage Austère
Tristesse	Lutte	Étouffements Nausées Douleurs musculaires	Émouvant Bouleversant Inquiétant	Désorienté Artiste Créatif Idéaliste
Tristesse	Repli	Atonie musculaire Immobilité Silence	Malheureux Sinistre Pitoyable Fainéant	Mélancolique Neurasthénique Dépressif

Émotion	Comportement	Attitudes	Caractéristiques	Traits de personnalité
Joie	Fuite	Rigidité du corps Lèvres pincées Mâchoires serrées Dos droit	Rabat-Joie Rigide Orgueilleux Pédant	Frustré Renonçant Inaccessible
Joie	Lutte	Étouffement Bégaiement Agitation	Timide Maladroit	Débonnaire Importun
Joie	Repli	Gestes fermés Bras croisés haut sur la poitrine Concentration sur un objet particulier	Associable Impoli Distant	Solitaire Sérieux

Pour en savoir plus

William Reich, *L'Analyse caractérielle*, Payot
Marc Jeannerod, *Le Cerveau intime*, Odile Jacob
Christophe André, *Vivre heureux ; psychologie du bonheur*, Odile Jacob
Alain Resnais, *Mon oncle d'Amérique*, film en cassette vidéo et en DVD
Henri Laborit, *La Nouvelle Grille*, Gallimard
Antonio Damasio, *L'Erreur de Descartes* et *Spinoza avait raison*, Odile Jacob
Milton Erickson, *Ma voix t'accompagnera*, Hommes et Groupes Éditeurs
Dominique Megglé, *Erickson, hypnose et psychothérapie*, Retz
Jean-Jacques Wittezaele et Teresa Garcia, *À la recherche de l'école de Palo Alto*, Le Seuil

La bonne gestion de nos émotions passe par la connaissance de nos besoins

La pyramide des besoins humains selon Maslow

Pour vivre, l'homme a des besoins fondamentaux. Le psychologue Abraham Maslow a classé ces besoins selon une pyramide à cinq niveaux.

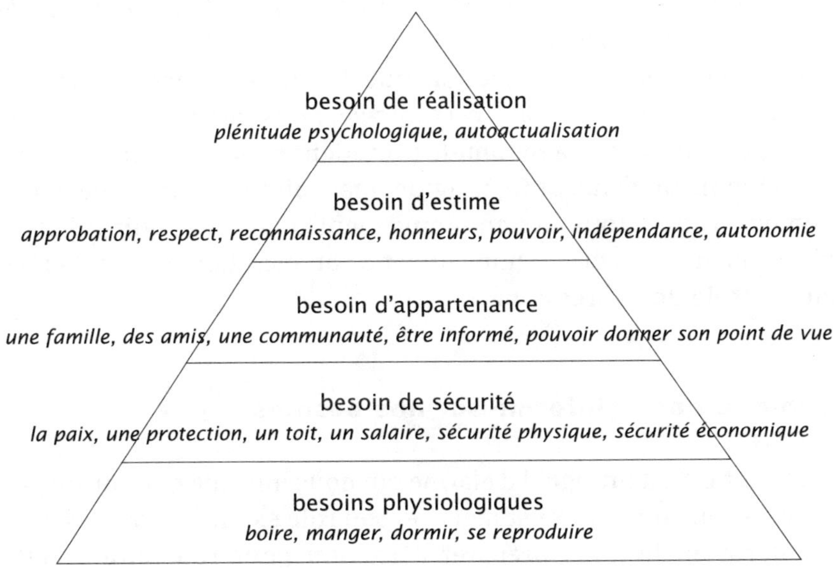

En règle générale, les besoins supérieurs apparaissent lorsque les besoins des niveaux inférieurs sont satisfaits. Il paraît en effet difficile de satisfaire les niveaux supérieurs lorsque les niveaux inférieurs ne sont pas comblés : par exemple, il est difficile d'étudier (niveau 5, besoin de réalisation de soi) lorsqu'on ressent la faim ou l'envie de dormir (niveau 1, besoins physiologiques). De la même manière, il est difficile de satisfaire son besoin de pouvoir (besoin d'estime de soi, niveau 4) si on ne se sent pas en sécurité (niveau 2). Imaginez ce que peut ressentir un prisonnier ou un otage face à son geôlier.

Il arrive néanmoins souvent que nous sacrifiions l'un de nos besoins inférieurs pour satisfaire un besoin supérieur ; c'est le cas de celui qui risque sa vie (besoins physiologiques, niveau 1) pour une noble cause (besoin de réalisation, niveau 5) ; c'est le cas d'une personne faisant la grève de la faim pour défendre une cause idéologique. En effet, chez l'homme, « les valeurs, les normes sociales et culturelles sont susceptibles de prendre le pas sur les normes purement organiques » (*cf.* « Motivation », *Grand Dictionnaire de la psychologie,* Larousse).

C'est la principale objection que les détracteurs de Maslow opposent à ce dernier. Dans cet ouvrage, nous tiendrons compte de cette possibilité, car la pyramide précédente doit être appréhendée non comme un concept figé, rigide, mais plutôt comme une entité homéostatique, toujours en mouvement pour maintenir un équilibre constant, un peu comme un jet d'eau maintient son état grâce au contrôle de la pression.

L'émotion nous informe sur nos besoins

L'émotion est un signal d'alarme qui nous informe que l'un de nos besoins fondamentaux est menacé. Son rôle est de mettre nos sens en alerte et de nous préparer à l'action pour répondre à cette menace, mais le problème réside dans le fait que nous n'avons jamais appris à décrypter le signal de l'émotion, ni à faire le lien avec nos besoins fondamentaux. À cause de cela, lorsque nous ressentons une émotion, nous sommes dérangés, nous ne savons pas l'interpréter, et notre premier objectif est de vouloir la faire disparaître le plus rapidement possible. Nous adoptons alors un comportement destiné à calmer l'émotion dans l'urgence et non à préserver nos besoins *[lorsqu'il m'a insulté, je l'ai frappé pour me calmer]*.

Si nous passons l'émotion par le filtre de la pyramide des besoins, nous trouvons un besoin correspondant à l'émotion éprouvée. Ce repérage permet une autre approche de la situation et un comportement plus adapté à la résolution du problème. Dans cet exemple, le besoin fondamental qui est à l'origine de la colère est le besoin d'être respecté (besoin d'estime de soi, niveau 3 de la pyramide), or on ne se fait pas respecter en frappant celui qui nous a insulté, mais en se positionnant clairement *[je ne vous autorise pas à m'insulter, et je vous demande de me faire des excuses immédiatement]*.

Souvenons-nous qu'il y a, à l'origine de toute émotion, un besoin fondamental qui se sent menacé. Si nous n'avons pas une conscience claire de notre besoin – et donc si nous sommes incapables de le formuler –, nous ne pouvons ni le satisfaire ni demander aux autres d'y répondre.

Pourquoi il est important de se mettre à l'écoute de nos besoins

Les valeurs auxquelles nous croyons déterminent nos besoins et nos comportements

Si nous « défendons » la famille, nous aurons besoin de créer un foyer, d'avoir des enfants, une maison pour les réunir, des liens forts avec les nôtres. Nos comportements iront en priorité dans le sens de la satisfaction de ce besoin d'appartenance : on prendra des nouvelles des uns et des autres, on protégera ceux qui en ont besoin, etc. On voit bien ici que tout ce qui participera à la satisfaction de notre besoin d'appartenance participera en grande part à la réalisation de soi.

Quant à l'émotion, elle nous informera dès que notre besoin d'appartenance sera menacé : par exemple, si l'un des membres du clan familial est malade, nous éprouvons de la peur.

Dans son ouvrage *Le Développement personnel,* Michel Lacroix insiste sur la nécessité de mettre le développement personnel au service des valeurs. C'était aussi la perspective de Maslow, qui affirmait qu'accroître ses compétences et affirmer le moi ne pouvaient se concevoir qu'en référence à des fins élevées.

Nous sommes soumis à des besoins contradictoires

Il est important de bien se connaître pour comprendre pourquoi nos choix sont parfois si difficiles. Nos choix, c'est notre liberté. Entre le déterminisme biologique et les contraintes sociales, l'homme trouve sa liberté grâce au dialogue intérieur qu'il entretient avec lui-même.

Selon Pierre Karli, professeur à la faculté de médecine de Strasbourg, auteur des *Racines de la violence*, l'homme ne possède qu'un seul cerveau, à travers lequel il entretient un triple dialogue interne : un dialogue à visée biologique, un dialogue à visée sociale et un dialogue générateur de sens.

Selon les émotions qu'il ressent, il choisit de privilégier l'un de ces trois dialogues :

– satisfaction des besoins physiologiques ;
– socialisation et interactions sociales ;
– constitution et animation d'une vie intérieure.

Comme vous le savez sans doute, une femme âgée de 60 ans, ménopausée, a mis au monde un enfant grâce aux progrès de la science. Cet événement médical a soulevé bien des polémiques, non seulement dans les milieux informés mais également dans le grand public, chacun y allant de son jugement définitif sur ce qui est « bien » ou ce qui est « mal » dans ce choix de la mère et du médecin.

Nous pouvons comprendre, à la lumière de la réflexion de Pierre Karli, que le choix de cette mère s'est, sans aucun doute, heurté au triple dialogue qu'elle a entretenu avec elle-même.

▷ Dialogue biologique : « Mon corps va-t-il encore savoir faire un enfant ? »

▷ Dialogue sociologique : « Vais-je savoir affronter le regard de la société ? »

▷ Dialogue de sens : « Quel sens cet événement prend-il dans ma vie ? »

Sans aucun doute, son cerveau, lieu de convergence de cette confrontation d'objectifs, a trouvé une réponse grâce au processus affectif suivant : « Mon désir d'enfant est tellement fort que, malgré le risque de ne pas atteindre l'un de ces objectifs, je choisis de privilégier ce qui mène à la satisfaction de ce désir. »

Nos besoins rencontrent les besoins des autres

Cela entraîne des conflits et nous oblige à des stratégies comportementales. Bien souvent, nous agissons pour faire plaisir aux autres ou pour éviter le conflit, parce que l'autre en face de nous exprime son besoin plus fort que nous. Pour éviter le scandale, une maman cède à son enfant qui hurle dans le magasin pour obtenir un jouet. Pour éviter le conflit, on laisse l'autre choisir le programme de télévision ou le lieu de vacances. On peut aussi, au contraire, imposer son point de vue avec force ou ruser pour obtenir ce qu'on désire. Le besoin d'un vendeur étant de vendre au meilleur prix alors que celui du client est de faire une bonne affaire, il va falloir, pour ces deux personnes, être le meilleur stratège face au besoin de l'autre.

Nous avons tendance à penser que, lorsque nos besoins ne sont pas en concordance avec les besoins de l'autre, il y a forcément un gagnant et un perdant, un qui cède et un qui ne cède pas, comme si nos besoins respectifs, parce qu'ils sont différents, étaient forcément en concurrence.

Nourrir ses besoins pour se construire

C'est un devoir envers la vie. Votre personnalité évolue tout au long de votre vie, et il vous appartient de modifier sa structure à chaque instant en nourrissant vos besoins fondamentaux. Chaque petit geste en direction de la satisfaction de ses besoins fondamentaux est un geste d'amour envers soi. Ce n'est pas de l'égoïsme, c'est du respect. Cela ne signifie aucunement céder à tous ses caprices, mais bien au contraire chercher le signifiant derrière chaque désir, chaque pulsion, chaque envie, chaque refus.

Pendant si longtemps et sous tant de latitudes, il est apparu inconvenant, égoïste et narcissique de s'occuper de soi. Cette attitude a d'abord servi les princes et les maîtres du monde, qui ont largement utilisé la force de travail de leurs sujets. En érigeant en vertu l'oubli de soi, la religion s'est faite complice de cette doctrine. La société a largement profité de cette valeur partagée qu'est le sacrifice de soi : donner sa vie pour son roi, pour sa foi, pour sa patrie, pour la liberté des autres, se sacrifier d'abord par conviction, sinon par soumission...

Aujourd'hui, il semblerait qu'un juste retour des choses nous incite à reconsidérer l'échelle de nos valeurs, et à choisir en fonction de nos besoins réels et non plus de ceux qui nous sont imposés ou suggérés. Cette tendance est encore timide, presque confidentielle, comme gênée par le consensus social et souvent bâillonnée par la publicité. Une très longue route reste à parcourir. Les guerres, les endoctrinements, les manipulations ont encore de beaux jours devant eux.

Pourtant, chacun de nous peut, à son échelle, construire un petit bout de chemin vers plus de respect de soi, plus d'authenticité, en nourrissant ses besoins au quotidien. Une « écologie de l'esprit » qui permettra aux autres d'être, eux aussi, plus authentiques, plus attentifs à leurs propres besoins, et donc plus heureux.

Au sein des réseaux d'interaction familiaux
et sociaux qui situent un individu
dans le monde à chaque moment de sa vie,
se construit et se reconstruit inlassablement
l'ensemble de traits qui le définit
et par lequel il se définit face aux autres
et est reconnu par eux.

CARMEL CAMILLERIE

Pour en savoir plus

Abraham Maslow, *Vers une psychologie de l'être,* Fayard ; *L'Accomplissement de soi,* Eyrolles

Pierre Karli, *Les Racines de la violence,* Odile Jacob

Carmel Camillerie *et al.*, *Stratégies identitaires,* PUF

Michel Lacroix, *Le Développement personnel,* Flammarion

Henriette Bloch *et al.*, *Grand Dictionnaire de la psychologie,* Larousse

Pratique de gestion des émotions

Comment se préparer à accueillir l'émotion

Comment repérer nos besoins à travers le discours intériorisé

Si vous voulez avoir une quelconque emprise sur vos émotions, il convient d'abord de repérer vos besoins. Pour cela, vous trouverez ci-dessous des exercices pratiques que vous pouvez faire seul. Thomas d'Ansembourg affirme que, si nous accueillons d'abord notre besoin, les solutions à nos problèmes viennent ensuite.

EXERCICE N° 1 *Du besoin à l'envie*

- Faites une liste qui commence par « il faut, je dois »...
- Notez dix actions que vous avez à accomplir dans la journée, puis sélectionnez celles où vous pouvez remplacer « il faut » par « j'ai envie de ».

1. Il faut, je dois...	J'ai envie de...
2. Il faut, je dois...	J'ai envie de...
3. Il faut, je dois...	J'ai envie de...
4. Il faut, je dois...	J'ai envie de...
5. Il faut, je dois...	J'ai envie de...
6. Il faut, je dois...	J'ai envie de...
7. Il faut, je dois...	J'ai envie de...
8. Il faut, je dois...	J'ai envie de...
9. Il faut, je dois...	J'ai envie de...
10. Il faut, je dois...	J'ai envie de...

- Observez les actions que vous n'avez pas sélectionnées et posez-vous les questions suivantes : Qu'est-ce qui se passerait si je ne le faisais pas ? Est-ce que je suis capable d'assumer les conséquences de cette éventualité ?
  – Si vous en êtes capable, demandez-vous : Pourquoi est-ce que je le fais quand même ? De quoi ai-je besoin en me comportant de la sorte ? D'habitudes (sécurité) ? D'être aimé (appartenance) ? D'être reconnu (estime de soi) ? Comment pourrais-je satisfaire ce besoin d'une manière qui me fasse plaisir ?
  – Si vous n'en êtes pas capable, demandez-vous : Qu'est-ce qui fait que je ne me sens pas capable d'assumer les conséquences de cette éventualité ? La peur pour ma sécurité ou celle d'un proche (besoin de sécurité) ? La peur de ne plus être aimé (besoin d'appartenance) ? La peur de n'avoir plus de rôle à jouer (besoin d'estime) ?
- Enfin, cherchez à savoir comment nourrir ces besoins au quotidien pour qu'ils ne reposent plus uniquement sur ces seules actions qui vous déplaisent ou vous ennuient. Cherchez ici les moindres petites choses de la vie quotidienne qui vous apportent des satisfactions à l'étage de la pyramide concerné : par exemple, trouver une petite chose réalisable chaque jour pour nourrir votre besoin d'appartenance (aller au cinéma avec vos enfants, inviter des copains, téléphoner à votre meilleur ami, etc.).

Ce petit exercice quotidien vous permettra, d'une part, de vérifier si vous vivez en accord avec vos propres besoins ou si vous traînez des vieux schémas de fonctionnement automatiques, et d'autre part de vous entraîner à vous mettre à l'écoute de vos besoins.

EXERCICE N° 2 *L'enfant intérieur*

- Choisissez une photo de vous lorsque vous étiez enfant, isolez-vous et veillez à ne pas être dérangé.
- Observez la photo dans ses moindres détails. Observez l'enfant sur la photo. Observez son visage, chaque détail de son visage. Observez son corps, les vêtements qu'il porte ; vous souvenez-vous de la sensation du tissu sur la peau ?
- Voyez l'endroit où il se trouve. Souvenez-vous de la chaleur qu'il faisait, souvenez-vous de la lumière, souvenez-vous des bruits. Souvenez-vous des objets présents sur la photo. Souvenez-vous des objets qui ne sont pas dans le cadre de la photo mais qui, pourtant, étaient là ce jour-là. Quelle heure peut-il bien être ? Qui prend la photo ?
- À quoi pense l'enfant à cet instant précis où quelqu'un prend la photo ? Revenez à son visage, à ses yeux, à sa bouche : à quoi rêvait-il alors ? De quoi avait-il le plus besoin ? Comment auriez-vous pu l'aider si vous aviez été près de lui ?
- Imaginez qu'il soit là, près de vous, en cet instant, et écoutez cet enfant : qu'a-t-il à vous dire, à vous demander ?
- Prenez un stylo, écoutez bien les mots de l'enfant. Écrivez ce que vous entendez sans aucune censure, écrivez sans chercher à comprendre ce que vous écrivez. Le fait de pleurer en accomplissant ce travail fait partie d'un processus qui vous informe que vous avez négligé les besoins de cet enfant-là, et que vous éprouvez de la compassion à son égard.
- Ensuite, pour apaiser ce chagrin bienfaisant, vous écrirez une lettre à cet enfant en lui expliquant pourquoi vous n'avez pas su l'aider et ce que vous allez faire pour lui maintenant. Écrivez avec vos mots tout ce que vous avez envie de lui dire et tout ce que vous allez faire à partir d'aujourd'hui pour le rendre heureux. Glissez la lettre dans une enveloppe timbrée à votre adresse et postez-la immédiatement, sans la

relire. Lorsqu'elle vous parviendra, lisez-la et voyez si vous êtes toujours disposé à combler les besoins de cet enfant qui sommeille en vous et qui vous attend.

EXERCICE N° 3 *Les injonctions parentales et sociétales*

- Notez par écrit toutes les petites phrases entendues maintes fois dans votre enfance et que vous n'avez jamais pensé à remettre en question, telles que « les petites filles ne crient pas », « tu es un homme ou quoi ? », « on ne peut jamais te faire confiance », « tu es nul en maths (en français, en géographie…) », « je sais toujours tout ce que tu penses », « t'es une vraie tête à claques », « t'es un bon à rien », etc.
- Ensuite, posez-vous la question : « Et si je décidais aujourd'hui de ne vraiment plus y croire, que se passerait-il ? » Éprouvez-vous une saine colère en faisant ce travail ? Accueillez cette colère et interrogez-vous sur sa raison d'être. N'avez-vous pas le sentiment d'avoir été berné, manipulé ?
- Pour finir, pensez à ce que vous allez faire de concret dès à présent pour cesser de donner du crédit à ces injonctions, de donner votre consentement à ces influences.

Pour en savoir plus

Nina Sutton, *Les Mamandises ou ma mère me l'avait bien dit*, Albin Michel

Richard Bach, *Fuir sa sécurité*, Un monde différent

Liste de besoins

Cette liste vous est donnée à titre indicatif. Elle n'est pas exhaustive. Elle a été établie à partir d'une liste proposée par Thomas d'Ansembourg et complétée par les participants aux stages de formation que je rencontre régulièrement. Une même émotion peut être en lien avec plusieurs besoins en fonction du contexte et du sens particulier que chacun met derrière un même mot.

Aide, argent, assistance, accueil, abri, air, affirmation de soi, affection, approbation, authenticité, accomplissement, apprendre, action, acceptation, amitié, amour, appartenance, abondance...

Beauté, but, bisous, bienveillance, briller, bonheur...

Calme, choix (faire des), connaissance de soi, chaleur, confort, créativité, croissance, cohérence, concision, conscience, clarté, compréhension, compagnie, communication, concertation, contact, confiance, communion, confidentialité, continuité, considération...

Détermination, douceur, donner, deuil (faire son), décider, discrétion, délicatesse, demeure, délivrance, discernement, discipline, distraction, durabilité...

Équilibre, espoir, être, emploi, écoute, équité, expression, estime, eau, exploration, empathie, espace, enthousiasme, envie, épargne, esprit, éternité, éveil, évolution, excuses, expérience, explications...

Fête, finalité, fiabilité, fidélité, fortune, fraîcheur...

Goûter, garantie, gaieté, générosité, gloire, grâce, guérison, guide...

Humour, humanité, honorabilité, honneur, honnêteté, havre, habitudes, harmonie...

Indépendance, intimité, inspiration, information, idéal, indulgence, instruction, intelligence, intensité...

Joie, jeu, justice...

Liberté, lâcher prise, logement, légitimité, légalité, limite, logis, lumière...

Mouvement, maîtrise, manger, moyen, modération, méthode, médiation...

Naissance, netteté, noblesse, nourriture...

Ordre, obéissance, ouverture...

Paix, présence, proximité, partage, précision, protection, permanence, pouvoir, participer, parole, participation, passion, patriotisme, père, permission, philanthropie, place, pleurer, poésie, possibilité, pratique, prestige, prévoir, promesse, prudence, preuve...

Quiétude, qualité, quitter...

Respect, rythme, repos, relaxation, recevoir, rites, repère, réconfort...

Soutien, silence, sérénité, sacré, sécurité, structure, simplicité, stimulation, sens, solitude, soins, stabilité...

Transcendance, tolérance, temps, tranquillité, toucher, tendresse...

On peut classer ces besoins dans la pyramide de Maslow. Ce classement sera toujours subjectif, et un même besoin peut se retrouver placé à plusieurs niveaux. Par exemple, vous pouvez avoir besoin d'aide pour accomplir un travail, besoin qui peut être répertorié soit au niveau physiologique (vous n'êtes pas assez fort physiquement pour soulever seul cette énorme poutre), soit au niveau de l'estime de soi (vous ne vous sentez pas capable de rédiger cette lettre correctement), soit au niveau de la sécurité (vous avez besoin qu'on arrête la circulation pendant que vous sortez du garage en marche arrière).

EXERCICE N° 4 *Où sont mes besoins*

- Dans la liste précédente, choisissez les dix besoins que vous ressentez le plus en ce moment précis, puis choisissez parmi ces derniers les cinq besoins qu'il vous semble le plus urgent de combler.
- Classez maintenant ces cinq besoins dans les cinq étages de la pyramide de Maslow. S'agit-il de besoins physiologiques, de besoin de sécurité ou d'estime de vous-même ? S'agit-il de besoin d'appartenance ou de réalisation ? Vous comprendrez ainsi ce qui, en ce moment précis de votre vie, vous manque le plus pour votre accomplissement et ce qui est à la source des émotions qui vous perturbent.

Pour vous aider à effectuer le classement, vous pouvez vous reporter à la classification ci-après. Tout classement est arbitraire, mais il est intéressant de remarquer où vous classez le maximum de vos besoins exprimés : vous aurez fait ainsi un premier pas vers vous-même. Identifier ses propres besoins, c'est déjà commencer à se donner les moyens d'y répondre.

Enfin, souvenons-nous avec Maslow que nos envies quotidiennes conscientes ne sont que des symptômes, des indicateurs de surface de nos besoins fondamentaux ; par exemple, désirer boire un verre d'eau est seulement une envie indiquant qu'un de vos besoins physiologiques n'est pas respecté.

Aide à la classification des besoins dans la pyramide de Maslow (à titre indicatif)

Aide	besoins physiologiques ou besoin d'estime de soi
argent	besoin de sécurité
assistance	besoins physiologiques ou besoin d'estime de soi
accueil	besoin d'appartenance
abri	besoin de sécurité
air	besoins physiologiques
affirmation de soi	besoin d'estime de soi
affection	besoin d'appartenance
approbation	besoin d'estime de soi
authenticité	besoin d'estime de soi
accomplissement	besoin de réalisation
apprendre	besoin de réalisation de soi
action	besoins physiologiques ou besoin de réalisation
acceptation	besoin d'appartenance
amitié	besoin d'appartenance
amour	besoin d'appartenance
appartenance	besoin d'appartenance
abondance	besoin de sécurité

Beauté	besoin d'estime de soi
but	besoin de réalisation ou besoin de sécurité
bisous	besoin d'appartenance
bienveillance	besoin de sécurité
briller	besoin d'estime de soi
bonheur	besoin de sécurité ou besoin d'appartenance
Calme	besoins physiologiques ou besoin de sécurité
choix (faire des)	besoin de sécurité
connaissance de soi	besoin d'estime de soi
chaleur	besoins physiologiques
confort	besoins physiologiques ou besoin de sécurité
créativité	besoin de réalisation
croissance	besoin de réalisation
cohérence	besoin de sécurité ou besoin d'estime de soi
concision	besoin de sécurité
conscience	besoin d'estime de soi
clarté	besoin de sécurité
compréhension	besoin de sécurité (comprendre) ou besoin d'appartenance (être compris)
compagnie	besoin d'appartenance
communication	besoin d'appartenance
concertation	besoin d'appartenance ou besoin d'estime de soi
contact	besoin d'appartenance ou besoin de sécurité
confiance	besoin de sécurité
communion	besoin d'appartenance
confidentialité	besoin de sécurité
continuité	besoin de sécurité
considération	besoin d'estime de soi
Détermination	besoin d'estime de soi
douceur	besoin d'appartenance ou besoin de sécurité
donner	besoin d'appartenance
deuil (faire son)	besoin de réalisation
décider	besoin d'appartenance ou besoin de sécurité
discrétion	besoin d'appartenance

délicatesse	besoin d'appartenance ou besoin de sécurité
demeure	besoin de sécurité
délivrance	besoin de sécurité
discernement	besoin de sécurité
discipline	besoin de sécurité
distraction	besoin d'appartenance
durabilité	besoin de sécurité
Équilibre	besoin de sécurité
espoir	besoin de réalisation
être	besoin de réalisation ou besoin d'estime de soi
emploi	besoin de sécurité
écoute	besoin d'appartenance
équité	besoin de sécurité
expression	besoin d'estime de soi
estime	besoin d'estime de soi
eau	besoins physiologiques
exploration	besoin de sécurité
empathie	besoin d'appartenance
espace	besoin de sécurité
enthousiasme	besoins de réalisation de soi
envie	besoins de réalisation de soi
épargne	besoins de sécurité
esprit	besoins de réalisation de soi
éternité	besoins de réalisation de soi
éveil	besoins de réalisation de soi
évolution	besoins de réalisation de soi
excuses	besoins d'estime de soi ou besoin d'appartenance
expérience	besoins de sécurité
explications	besoins de sécurité
Fête	besoin d'appartenance
finalité	besoin de réalisation
fiabilité	besoin de sécurité
fidélité	besoin de sécurité

fortune	besoin de sécurité
fraîcheur	besoins physiologiques
Goûter	besoin de sécurité
garantie	besoin de sécurité
gaieté	besoin d'appartenance
générosité	besoin d'appartenance
gloire	besoin d'estime de soi
grâce	besoin d'estime de soi
guérison	besoins physiologiques ou besoin de sécurité
guide	besoin de sécurité
Humour	besoin d'appartenance
humanité	besoin d'appartenance
honorabilité	besoin d'estime de soi
honneur	besoin d'estime de soi
honnêteté	besoin de sécurité
havre	besoin de sécurité
habitudes	besoin de sécurité
harmonie	besoin de sécurité
Indépendance	besoin de sécurité
intimité	besoin de sécurité
inspiration	besoin de réalisation
information	besoin de sécurité ou besoin d'appartenance
idéal	besoin de réalisation de soi
indulgence	besoin d'appartenance
instruction	besoin de sécurité ou besoin d'estime de soi
intelligence	besoin d'estime de soi
intensité	besoin de réalisation de soi
Joie	besoin d'appartenance
jeu	besoin d'appartenance
justice	besoin de sécurité
Liberté	besoin de sécurité
lâcher prise	besoin de sécurité

logement	besoin de sécurité
légitimité	besoin de sécurité ou besoin d'estime de soi
légalité	besoin de sécurité
limite	besoin de sécurité
logis	besoin de sécurité
lumière	besoin de sécurité
Mouvement	besoin de sécurité ou besoins physiologiques
maîtrise	besoin de sécurité ou besoin d'estime de soi
manger	besoins physiologiques
moyen	besoin de sécurité
modération	besoin de sécurité
méthode	besoin de sécurité
médiation	besoin de sécurité ou besoin d'appartenance
Naissance	besoins physiologiques
netteté	besoin de sécurité
noblesse	besoin d'estime de soi ou besoin de réalisation
nourriture	besoins physiologiques
Ordre	besoin de sécurité
obéissance	besoin de sécurité ou besoin d'estime de soi
ouverture	besoin de sécurité
Paix	besoin de sécurité
présence	besoin de sécurité ou besoin d'appartenance
proximité	besoin de sécurité
partage	besoin d'appartenance
précision	besoin de sécurité
protection	besoin de sécurité
permanence	besoin de sécurité
pouvoir	besoin de sécurité ou besoin d'estime de soi
participer	besoin d'appartenance
parole	besoin d'appartenance
participation	besoin d'appartenance ou besoin d'estime de soi
passion	besoin de réalisation de soi
patriotisme	besoin d'appartenance

père	besoin d'appartenance
permission	besoin de sécurité
philanthropie	besoin de réalisation de soi ou besoin d'appartenance
place	besoin de sécurité ou besoin d'estime de soi
pleurer	besoin d'appartenance ou besoin de sécurité
poésie	besoin de réalisation de soi
possibilité	besoin de sécurité
pratique	besoin de sécurité
prestige	besoin d'estime de soi
prévoir	besoin de sécurité
promesse	besoin de sécurité
prudence	besoin de sécurité
preuve	besoin de sécurité
Quiétude	besoin de sécurité
qualité	besoin d'estime de soi ou besoin de sécurité
quitter	besoin de sécurité
Respect	besoin d'estime de soi
rythme	besoin de sécurité
repos	besoins physiologiques
relaxation	besoins physiologiques
recevoir	besoin d'appartenance
rites	besoin de sécurité
repère	besoin de sécurité
réconfort	besoin d'appartenance
Soutien	besoin de sécurité ou besoin d'appartenance
silence	besoins physiologiques ou besoin de sécurité
sérénité	besoin de sécurité
sacré	besoin de réalisation
sécurité	besoin de sécurité
structure	besoin de sécurité
simplicité	besoin de sécurité
stimulation	besoin d'appartenance ou besoin d'estime de soi
sens	besoin de réalisation

solitude	besoin de sécurité
soins	besoins physiologiques
stabilité	besoin de sécurité
Transcendance	besoin de réalisation
tolérance	besoin de sécurité ou besoin d'appartenance
temps	besoin de sécurité
tranquillité	besoin de sécurité ou besoins physiologiques
toucher	besoin de sécurité
tendresse	besoin d'appartenance

Pour en savoir plus

Abraham Maslow, *Vers une psychologie de l'être*, Fayard

Thomas d'Ansembourg, *Cessez d'être gentil, soyez vrai !*, Éditions de l'Homme

Isabelle Filliozat, *L'Intelligence du cœur*, Jean-Claude Lattès

---

Grandir, c'est aussi se donner l'occasion
de redéfinir ses priorités.

THOMAS D'ANSEMBOURG

En levant la contrainte du « il faut », on peut sentir
le « j'ai envie ».

ISABELLE FILLIOZAT

Méthodologie

Découvrez maintenant les outils adaptés à la bonne gestion de l'émotion dans des situations courantes. Chaque situation est proposée de la manière suivante :

▷ **Présentation et analyse d'une situation** du point de vue de celui qui éprouve l'émotion concernée et tente de percevoir ce que l'autre peut ressentir d'après son comportement et d'après son discours.

▷ **Proposition d'une démarche adaptée :**

- repérer la nature de l'émotion à travers des indices corporels (contraction des muscles, accélération du rythme cardiaque, modification de la respiration, rougeur du visage, modification de la voix, etc.) ;
- prévoir ses pulsions, c'est-à-dire se souvenir comment vous avez réagi impulsivement la dernière fois que vous avez éprouvé cette émotion-là (est-ce que vous avez crié, frappé, pleuré, fui ?) ; il est important de connaître ses réactions pulsionnelles pour espérer modifier ses comportements ;
- détecter son besoin ; vous savez maintenant que l'émotion est un signal d'alarme qui vous indique que l'un de vos besoins fondamentaux n'est pas respecté. Posez-vous la question : « De quoi aurais-je besoin, là, tout de suite, pour apaiser cette tension ? » Pour vous aider, sachez que la colère est souvent liée à l'estime de soi, la peur à la sécurité, la tristesse et la joie au besoin d'appartenance ;
- choisir l'outil efficace dans la situation présente pour assouvir ce besoin ; pour chaque besoin, un outil particulier peut être utilisé. Il conviendra de s'en servir le plus souvent possible et de noter les progrès accomplis dans son utilisation ainsi que les effets induits. Plus vous utiliserez un même outil, plus il vous deviendra facile de vous en servir ; le faire pourra même devenir une seconde nature, une sorte de réflexe conditionné ;
- appliquer rigoureusement ; il sera nécessaire d'être rigoureux dans l'utilisation des outils, surtout au début, car cette rigueur vous permettra d'échapper aux pièges des comportements habituels.

Petit à petit, vous pourrez adapter ces outils à chaque situation, à votre manière d'être, modifier le vocabulaire, n'utiliser qu'une partie de l'outil, mélanger deux outils différents, inventer vos propres outils...

▷ **Des exercices** vous permettront de vous entraîner, ce que vous ferez le plus souvent possible ; faites-en un jeu, et vous y trouverez rapidement du plaisir et de la satisfaction. Vous sentirez bientôt que vous reprenez les événements en main, que vous n'êtes plus le jouet des autres, de leurs humeurs, de leurs caprices, de leur volonté. En contrôlant vos propres accès émotionnels, vous parviendrez à modifier les comportements autour de vous. Vouloir changer les autres est impossible si on ne change pas d'abord soi-même.

▷ **Une bibliographie** adaptée à chaque situation vous permettra d'en savoir plus.

▷ **Une citation,** enfin, que vous pourrez vous approprier pour augmenter la confiance en votre capacité à maîtriser vos émotions.

Si vous vous reconnaissez dans l'une des situations exposées, faites quotidiennement les exercices d'entraînement proposés, appropriez-vous la citation et n'hésitez pas à consulter les ouvrages proposés. Ainsi, la prochaine fois que vous aurez à affronter une telle situation, vous essaierez d'appliquer ce que vous avez appris. On ne parvient pas toujours au résultat escompté dès le premier essai, mais cela arrive parfois ; quoiqu'il en soit, la persévérance est toujours payante.

Les grandes réalisations ne sont pas le fruit
de la force, mais celui de la persévérance.

SAMUEL JOHNSON

Comment canaliser la colère

Les conflits entre parents et enfants

Maria et son fils Nicolas, un adolescent ordinaire

Maria rentre du travail les bras chargés de courses. Elle constate avec irritation que, malgré ses demandes réitérées, la table n'est pas mise comme elle le réclame chaque soir. Elle doit préparer le dîner et appelle immédiatement son fils. Affalé sur son lit, l'adolescent regarde la télévision et fait de la résistance sous divers prétextes. Elle se met en colère, crie et ordonne. Il quitte son lit en grognant qu'il en a marre, qu'elle le dérange tout le temps, qu'il ne peut jamais regarder le feuilleton jusqu'à la fin et qu'il n'y a pas urgence. Il met la table sommairement en traînant les pieds, en claquant les portes du placard et en faisant la tête ostensiblement avant de retourner rapidement dans sa chambre.

ANALYSE DE LA SITUATION

▷ Ce que Maria constate : « La table n'est pas mise, personne ne m'accueille. »

▷ Ce qu'elle ressent : « Je suis fatiguée, je me sens abandonnée et découragée. »

▷ Ce qu'elle pense : « Tout le monde se moque de ce que j'éprouve. »

▷ L'émotion éprouvée par Maria : colère (frustration).

▷ Les besoins de Maria : besoin de repos (besoin physiologique, niveau 1 de la pyramide) et besoin de respect de ce qu'elle éprouve (besoin d'estime de soi, niveau 4 de la pyramide).

▷ Le comportement de Maria : violence verbale, manifestations corporelles, autoritarisme (rigidité du corps, brusquerie des gestes).

CE QU'ON PEUT IMAGINER DU RESSENTI DE NICOLAS

▷ Ce que constate Nicolas : « Elle hurle dès qu'elle arrive. »
▷ Ce qu'il ressent : frustration, dérangement.
▷ Ce qu'il pense : « Elle se moque de ce qui m'intéresse, elle m'agresse ; ce que je fais n'est jamais important à ses yeux. »
▷ L'émotion éprouvée par Nicolas : colère.
▷ Les besoins de Nicolas :
– besoin de respect de son emploi du temps et de ses choix (besoin d'estime de soi, niveau 4 de la pyramide) ;
– besoin de calme (besoin de sécurité, niveau 2 de la pyramide).
▷ Le comportement de Nicolas : violence verbale et violence physique détournée contre les objets.

PROPOSITION D'UNE DÉMARCHE ADAPTÉE

▷ Repérer la nature de l'émotion grâce aux signaux du corps *[mon cœur bat plus vite, mes muscles se raidissent, mon souffle se bloque, je ressens de la colère].*
▷ Prévoir ses réactions pulsionnelles *[j'ai envie de hurler].* Il convient maintenant, comme dans toute émotion, de repérer si on a plutôt tendance à répondre par une attitude de fuite, par une attitude de lutte ou par un repli sur soi (dans l'exemple ci-dessus, il s'agit d'une attitude de lutte). Ce repérage permet de mieux connaître les habitudes de fonctionnement mises en place pour échapper à l'émotion.
▷ Stop ! Inspirer à fond, bloquer la respiration cinq ou six secondes, souffler à fond. En quelques secondes, on reprend le contrôle de son comportement et on peut continuer. Toutes les montées de colère peuvent être instantanément arrêtées par le blocage de la respiration, à condition de s'y prendre dès l'apparition des premiers symptômes. L'arrêt de la respiration inter-

rompt systématiquement le déroulement de la pensée ; faites l'essai. Dès que la violence a pris le pouvoir, il est trop tard.

▷ Repérer le besoin menacé : ici, le besoin d'estime de soi, niveau 4 de la pyramide *[j'ai travaillé toute la journée, je suis fatiguée, personne ne s'en aperçoit, on ne m'épaule pas, on ne respecte pas ma fatigue, j'ai besoin d'être respectée].*

▷ Choisir l'outil efficace dans la situation présente : ici, la méthode Gordon.

EXERCICE N° 5 *La méthode Gordon*

Une méthode efficace pour apprendre à s'affirmer sans blesser l'autre a été imaginée par Thomas Gordon. Elle consiste à exprimer son désaccord en suivant une formulation très méthodique. Même si, au début, elle paraît difficile à mettre en œuvre dans l'urgence de l'émotion, elle peut, à force de persévérance, devenir un automatisme. Pour la pratiquer avec aisance, il est important de l'apprendre par cœur et de prévoir une formulation complète adaptée à chaque situation dans laquelle nous avons à affirmer notre désaccord. Cette méthode est particulièrement efficace avec les enfants et les adolescents. Dépêchez-vous de la tester, vous serez surpris de ses effets immédiats sur votre interlocuteur.

Voici la formulation :

Quand tu...

Énoncer les faits ; pas d'interprétation, pas de généralisation.

« Quand tu refuses de mettre la table avant le dîner... »

... je me sens...

Exprimer l'émotion ou le sentiment ressenti.

« ... je me sens abandonnée et triste... »

... car j'ai besoin de...

Exprimer son propre besoin.

«... car j'ai besoin de me sentir épaulée maintenant... »

... donc je te demande de...
Demander une réparation dans l'« ici et maintenant ».
«... donc je te demande de venir m'aider... »
... afin que...
Exprimer une motivation pour l'autre.
«... afin que nous passions tous deux une soirée agréable.

◗ Le simple fait de construire cette formulation calme l'émotion car elle permet de retrouver sa propre subjectivité. Par ailleurs, vous remarquerez qu'en vous exprimant ainsi vous faites part à l'autre de votre ressenti sans l'accabler de reproches, ce qui provoquerait en lui une réaction de défense justifiée. C'est pourquoi l'emploi du « je » est important : dire « j'éprouve de la colère », ce n'est pas dire « tu me mets en colère ».

◗ Faites ensuite un commentaire par écrit : cette phase de l'exercice est particulièrement importante, ne la négligez jamais. En effet, si vous prenez le temps de poser par écrit vos ressentis, il est fort probable que vous serez encouragé dans vos progrès. N'oubliez pas que le manque de confiance en soi tend à nous faire minimiser nos réussites et exagérer nos défaites. Il est bon d'être lucide envers soi, c'est-à-dire d'être capable de d'apprécier ses victoires et d'analyser ses échecs pour progresser. Notez en quelques mots (par écrit)...

- En exprimant ma colère sans violence, j'ai ressenti : ...
- En exprimant mes besoins, j'ai ressenti : ...
- Il m'a répondu : ... (tenez-vous-en aux mots que vous avez retenu parmi les mots prononcés).
- J'ai obtenu : ... (notez ce que l'autre a fait réellement, uniquement ses actes ; ici, par exemple, il est venu mettre la table).
- La prochaine fois : ... (notez les modifications que vous souhaitez apporter à cet outil la prochaine fois que vous aurez à l'utiliser).

On confond souvent colère et violence. La colère informe celui qui l'éprouve du fait que l'un de ses besoins est menacé. Cette menace nécessite une réponse qui s'oppose à l'événement : « Non. » Lorsqu'on ne sait pas comment dire non, soit on se soumet au détriment de son besoin, soit on exprime ce refus par la violence, verbale ou physique. La violence est une réponse inadaptée, c'est toujours l'échec de la colère. C'est aussi une attitude qui engendre culpabilité et sentiment d'impuissance *[il m'a mis hors de moi, j'ai perdu tout contrôle à cause de lui, ces bagarres m'épuisent, j'y ai peut-être été un peu fort...]*.

N'oubliez pas qu'il est possible de retrouver le contrôle de son comportement face à une situation frustrante en exprimant le besoin menacé. Dès que vous aurez expérimenté, ne serait-ce qu'une seule fois, cette capacité, vous en serez convaincu et vous aurez envie de renouveler l'expérience, tant elle est fortifiante pour vous et constructive pour vos relations.

EXERCICE N° 6 *L'attraction terrestre*

- Isolez-vous et veillez à ne pas être dérangé. Tenez-vous debout, éloigné de tout obstacle. Prenez une longue inspiration et expirez lentement en fermant les yeux.
- Souvenez-vous d'une situation récente dans laquelle vous avez éprouvé de la colère. Revoyez cet événement dans son déroulement, depuis le début jusqu'au moment où la colère s'est immiscée en vous. Si vous êtes bien concentré, vous devez, à ce moment précis, sentir votre rythme respiratoire changer imperceptiblement, puis votre inspiration se bloquer, l'air restant dans la partie haute de votre poitrine.
- Stop ! C'est à ce moment-là que vous devez intervenir pour bloquer le processus qui s'empare de vous : étirez très fortement vos bras vers le ciel, jambes et bras tendus au maximum, puis expirez à fond en allant toucher le sol et en déliant votre dos.

- Votre corps est plié en deux, votre tête tombe naturellement, sans effort, et les traits de votre visage se détendent complètement ; sentez l'attraction terrestre qui tire tous les traits de votre visage, votre dos et votre poitrine vers le sol. Laissez toute la partie haute de votre corps tomber naturellement, lourdement, alors que vos jambes et votre bassin restent tendus, bien droits.
- Faites cinq ou six respirations tranquillement, sans changer de positon, et observez comme votre colère s'est évanouie en quelques secondes ! En effet, il est impossible de se mettre en colère lorsque la partie haute du corps est totalement relâchée.
- Maintenant, formulez votre colère en suivant la méthode Gordon. Écrivez-la.

Pour en savoir plus

Pierre Karli, *Les Racines de la violence,* Odile Jacob

Vincent Acker *et al., Ados, comment les motiver,* Marabout

Serge et Carole Vidal-Graf, *La Colère, cette émotion mal-aimée,* Jouvence

Christian Zaczyk, *L'Agressivité au quotidien,* Bayard

La violence, c'est toujours l'échec de la colère.

ISABELLE FILLIOZAT

Les conflits dans le couple

Pierre attaque Sylvie devant leurs amis

Sylvie ne comprend pas pourquoi, malgré son désir d'être respectée par Pierre, son mari, elle n'y parvient pas. La situation dans laquelle ce manque de respect lui est le plus intolérable se reproduit pratiquement toujours dans les mêmes circonstances. Lors d'un dîner entre amis, son mari trouve toujours une faille à souligner dans le comportement de Sylvie : soit sa cuisine n'est pas réussie, soit elle a été trop absente de la table, soit elle a eu une parole malheureuse. Et les choses se déroulent toujours suivant un scénario à peu près identique. Pierre souligne une faille, elle se défend, il généralise et la juge devant tout le monde. De plus, il implique les invités à chaque fois qu'il le peut dans ces accusations ironiques, souvent humiliantes, et la soirée laisse à Sylvie, malgré tous ses efforts, un goût amer. Cette situation dure depuis de longues années, et Sylvie ne sait plus comment se comporter : « Je n'arrête pas de lui dire que ses critiques me mettent mal à l'aise, mais ça ne change rien. »

ANALYSE DE LA SITUATION

Le scénario est bien rôdé. Chacun joue un rôle qu'il connaît, et chacun connaît parfaitement le rôle de l'autre. Les mêmes causes ayant toujours les mêmes effets, rien ne peut changer si personne ne modifie un élément du système.

- ▷ Ce que Sylvie constate : « Tout semble aller pour le mieux. »
- ▷ Ce qu'elle ressent : « Il va encore trouver quelque chose à redire, je dois me tenir sur mes gardes ; voilà, je le savais, il me critique. »
- ▷ Ce qu'elle pense : « Il cherche à me déstabiliser, comme d'habitude. »
- ▷ Les émotions éprouvées par Sylvie : colère (injustice), tristesse (impuissance). La tristesse ne peut se manifester ouvertement devant les invités, Sylvie étouffe vite cette émotion.
- ▷ Les besoins de Sylvie : besoin d'être détendue (besoin de sécurité, niveau 2 de la pyramide) et besoin de respect de sa personne (besoin d'estime de soi, niveau 4 de la pyramide)
- ▷ Le comportement de Sylvie : elle se justifie et minimise l'incident devant les invités, puis explique à Pierre en tête-à-tête que son comportement la met mal à l'aise.

CE QU'ON PEUT IMAGINER DU RESSENTI DE PIERRE

- ▷ Ce que Pierre constate : « Elle n'a pas fait les choses parfaitement. »
- ▷ Ce qu'il ressent : « Les invités vont nous juger. »
- ▷ Ce qu'il pense : « Elle le fait exprès. »
- ▷ L'émotion qu'il éprouve : la honte (qui est un mélange de peur et de tristesse).
- ▷ Cette émotion étant impossible à gérer pour lui, il préfère lui substituer la colère, qu'il retourne contre Sylvie.
- ▷ Le besoin de Pierre : besoin d'être admiré (besoin d'estime de soi, niveau 4 de la pyramide).

PROPOSITION D'UNE DÉMARCHE ADAPTÉE

Sylvie aurait pu appréhender la situation de la manière suivante :

- ▷ Repérer la nature de l'émotion grâce aux signaux du corps *[mes muscles se raidissent, mon plexus se bloque : je ressens de la colère].*
- ▷ Prévoir ses réactions pulsionnelles *[j'ai envie de le frapper pour le faire taire].*
- ▷ Stop ! Appliquer ici la technique de relaxation de Jacobson, qui consiste à tendre tous ses muscles au maximum pour ressentir ensuite les effets de la relaxation, à inspirer à fond, à bloquer la respiration pendant cinq secondes et à souffler à fond (si on est seul, fermer les yeux et, tandis que l'on bloque sa respiration, crisper au maximum tous les muscles du visage et du corps). En quelques secondes, on a repris le contrôle de son comportement. On peut alors continuer.
- ▷ Repérer les besoins menacés : ici, le besoin de sécurité, niveau 2 de la pyramide *[j'ai besoin d'être détendue avec mes amis, de ne pas avoir à surveiller ce que je dis ou fais]* et le besoin d'estime de soi, niveau 4 de la pyramide *[j'ai besoin que mon travail et mon comportement ne soient pas dénigrés].*
- ▷ Choisir l'outil efficace dans la situation présente : ici, la technique du court-circuit. En effet, la méthode Gordon (qui peut s'appli-

quer à tous les conflits) semble moins adaptée ici puisque Sylvie a essayé maladroitement d'exprimer son besoin à Pierre en lui disant que son comportement la mettait « mal à l'aise », et que Pierre n'a pas su traduire cette demande en termes de besoins. De la même manière, Pierre ignore son propre besoin d'estime. Pour sortir du schéma répétitif dans lequel tous deux s'enferment, une méthode efficace est la technique du court-circuit. Elle consiste à détourner l'attention vers un but unique capable de capter l'attention générale : « Qu'est-ce que c'est que ce bruit au grenier ? » ; « Vous n'avez pas vu le dessous-de-plat ? Je l'ai posé sur la table il y a cinq minutes... »
Attention : la technique du court-circuit ne doit être employée qu'exceptionnellement et en cas d'urgence, sinon elle perd son pouvoir de détournement de l'attention. Elle mérite en tout cas d'être présentée à l'autre comme le seul moyen qu'on ait trouvé pour échapper à une situation de souffrance.
Attention aussi si le court-circuit inclut une nuance d'humour. Face à la colère, l'humour n'est pas très efficace ; il peut même augmenter l'intensité de celle-ci, car l'individu en colère tient à sa colère, il veut qu'on la respecte et non qu'elle soit tournée en dérision.

▷ Faire un commentaire par écrit.
▷ Enfin, pour être capable de faire face à une telle situation la prochaine fois, Sylvie devra d'abord faire le point avec elle-même.
  - De quoi ai-je besoin ? De sécurité et d'estime.
  - Comment puis-je renforcer ma propre estime et ma sécurité ? En nourrissant moi-même mes besoins au quotidien (voir l'exercice n° 7 « Apprendre à dire non », page 86).
  - Pourquoi est-ce que je permets aux événements de se reproduire ? Parce que j'y trouve des bénéfices secondaires.
  - De quoi me protège ce renoncement à mes valeurs ? Quels sont ces bénéfices secondaires ? Très certainement d'éviter d'entrer en conflit ouvert avec mon mari, ce qui pourrait provoquer une rupture de notre relation. Je risquerais de me retrouver

seule et d'avoir à assumer la responsabilité d'une séparation vis-à-vis de nos enfants et de nos amis, ainsi que la culpabilité face à mon mari, qui sera sans aucun doute réellement très malheureux.

EXERCICE N° 7 *Apprendre à dire non*

- Entraînez-vous à dire non au moins une fois par jour à des sollicitations qui ne vous intéressent pas.
- Dites non à chaque fois que vous n'êtes pas d'accord, sans aucune agressivité et sans vous justifier.
- Éprouvez pleinement le plaisir de la liberté que vous vous accordez vous-même en disant :

– non à la vendeuse qui vous assure que ce pantalon est fait pour vous ;
– non à la personne qui vous propose une soirée à laquelle vous voulez échapper ;
– non au démarcheur à domicile ;
– non à votre conjoint pour le lieu de vacances ;
– non aux enfants qui veulent se coucher un peu plus tard ;
– non à un ami qui vous retient pendant une heure au téléphone ;
– non à la personne qui vous accoste et vous demande de signer une pétition.

Apprendre à dire non quand on pense non, c'est le premier pas vers la reconnaissance de ses propres valeurs, vers la confiance en ses ressentis, en ses choix, vers l'affirmation de soi. L'enfant se construit dans l'opposition, pas dans la soumission. Avant de pouvoir choisir avec discernement ce qui est bon pour lui, il aura souvent tout accepté, puis tout rejeté en bloc.

La maturité s'acquiert avec le temps. C'est le temps du tri, le temps du choix entre ce qui est bon pour nous et ce qui nuit ou ne sert pas nos intérêts ou nos objectifs. C'est le temps de la séparation d'avec les adultes référents, une séparation motivée par le désir de construire une personnalité originale, unique, authentique. Cela ne va jamais (ou rarement) sans heurts avec l'entourage, sans questionnements, sans remise en question ou sans culpabilité, parce qu'on ne nous a pas appris à dire non avec amour, par respect envers soi et par honnêteté envers les autres, parce que chacun de nous, par peur de perdre l'amour des autres, préfère se dire non à lui-même et penser qu'il s'arrangera bien avec ces petites compromissions.

Oser le non face à ce que les autres attendent de nous, c'est enfin ne plus se dire non à soi-même. Selon Michel Lacroix, philosophe, le nouveau courage est celui de dire non pour s'affirmer, face à ceux que nous côtoyons régulièrement, dont nous craignons le jugement, face à ceux que nous aimons et dont nous avons peur de perdre l'amour, face au groupe auquel nous appartenons et dont nous risquons d'être rejeté ; dire non, c'est d'abord lutter contre des peurs ancestrales, la peur de l'abandon, du rejet et de la mort.

Il est ici important de repérer la qualité de notre refus. Il doit être fondé sur la définition de ce qui n'est pas acceptable pour nous, comme la négation de nos valeurs, de nos combats, ou l'attaque de notre territoire.

Pour en savoir plus

Françoise Kourilsky-Belliard, *Du désir au plaisir de changer,* Dunod
Dom Helder Camara, *Mille raisons pour vivre,* Le Seuil
Michel Lacroix, *Le Courage réinventé,* Flammarion
Christophe André et François Lelord, *L'Estime de soi,* Odile Jacob

---

Enseigne-nous à ne jamais dire de oui
qui aient un goût de non.

DOM HELDER CAMARA

Les conflits au travail

René Raguenau et Léon Vestraat

Dans le film d'Alain Resnais *Mon oncle d'Amérique*, la société de tissage dans laquelle René Raguenau (interprété par Gérard Depardieu) occupe une place importante a été rachetée et, du jour au lendemain, Léon Vestraat est parachuté par la direction centrale pour relancer la production et élargir le marché. Les jours de Raguenau dans l'entreprise sont comptés, mais il l'ignore.

La direction met les deux hommes en concurrence directe, et Raguenau constate jour après jour la supériorité de son adversaire. Le voici confronté à un conflit de pouvoir d'une violence inouïe, à laquelle il ne s'était pas préparé et dont il sortira brisé.

ANALYSE DE LA SITUATION

- ▷ Ce que Raguenau constate : « Vestraat est à l'aise, installé dans mon bureau. »
- ▷ Ce qu'il ressent : de la frustration.
- ▷ Ce qu'il pense : « Il veut prendre ma place. »
- ▷ Les émotions qu'il éprouve : de la peur et de la colère.
- ▷ Le besoin de Raguenau : garder son pouvoir dans l'entreprise.
- ▷ Le comportement de Raguenau : colère rentrée, tentatives ratées de reprise de pouvoir.

PROPOSITION D'UNE DÉMARCHE ADAPTÉE

- ▷ Repérer la nature de l'émotion grâce aux signaux du corps : respiration courte et haute, tension des muscles *[j'éprouve de la colère].*
- ▷ Prévoir ses réactions pulsionnelles : violence retournée contre soi.
- ▷ Stop ! Prendre le temps de repérer s'il s'agit d'un conflit d'idées ou d'un conflit de personnes. Ici, il est évident qu'il s'agit d'un conflit de personnes. Alain Resnais démontre à travers les expli-

cations du professeur Laborit que les relations humaines sont basées sur les conflits de pouvoir.

▷ Repérer les besoins menacés : défense de son territoire (besoin de sécurité, niveau 2 de la pyramide) et estime de soi (besoin d'être rassuré sur son pouvoir, niveau 4 de la pyramide).

▷ Choisir l'outil adapté : le combat est perdu d'avance pour Ragueneau puisqu'il est volontairement piégé par l'entreprise qui a décidé de le remplacer par Vestraat. Dans ce cas de figure, l'urgence paraît être de ne pas retourner la violence contre soi-même. L'outil adapté est celui qui canalisera au mieux la violence de Ragueneau. Un sport de combat ou un sport qui fatigue le corps (course, natation) serait tout à fait approprié. La fatigue musculaire, par opposition à la fatigue du système nerveux, permet d'évacuer les toxines fabriquées lors d'un stress violent.

EXERCICE N° 8 *Le coussin*

L'inhibition de la colère peut être autodestructrice ; il existe un seuil de tolérance à l'inhibition de la colère au-delà duquel cette dernière doit s'exprimer. Il est possible d'exprimer sa colère avec violence contre un objet inanimé, un coussin par exemple. En imaginant que ce coussin est votre ennemi, frappez-le, déchirez-le et insultez-le jusqu'à ce que vos nerfs se calment, puis jetez-le. Vous ressentirez rapidement un réel soulagement. Vous pouvez agir de la même manière avec une photo de votre ennemi.

EXERCICE N° 9 *Le cri zen*

- Asseyez-vous sur les talons et laissez vos bras pendre le long de votre corps.
- Inspirez et expirez profondément cinq fois de suite.
- À la dernière expiration, croisez vos bras sur votre poitrine, poings serrés.
- Inspirez et expirez dans cette position cinq fois de suite sans desserrer vos poings.

- Au moment d'expirer pour la onzième fois, bondissez de toutes vos forces en avant en rugissant le son « ahahahaha ».
- Ouvrez grand les bras. Vous vous sentez instantanément calme et plus fort.

Pour en savoir plus

Mon oncle d'Amérique, un film d'Alain Resnais (scénario de Jean Gruault, inspiré par les travaux d'Henri Laborit, avec la participation et les commentaires de ce dernier)

Le réalisateur compare des situations ordinaires de conflit de pouvoir entre les humains aux expériences menées sur des rats de laboratoire par le célèbre biologiste. Malgré nos convictions, malgré toutes les justifications que nous apportons à nos actes, nous sommes obligés d'admettre que toutes nos actions ne sont pas uniquement inspirées par la raison et la générosité. Nous avons coutume de recouvrir nos pulsions d'un alibi langagier. Plus nous cherchons à justifier nos actes, plus il est probable que nous agissons sous l'influence de nos émotions et que nous voulons en fait asseoir notre pouvoir sur les autres.

Éric Albert et Jean-Luc Émery, *Le manager est un psy,* Éditions d'Organisation

---

Ce que nous appelons liberté, c'est la possibilité de réaliser les actes gratifiants, de réaliser notre projet, sans nous heurter au projet de l'autre.

HENRI LABORIT

Les conflits entre enseignants et apprenants (1)

Catherine et le formateur

Catherine prépare le concours d'entrée à l'école d'aides-soignants dans un groupe de seize personnes. Le formateur en français explique la règle de l'accord du participe passé. Tout le groupe semble comprendre, excepté Catherine. Après plusieurs explications, le formateur déclare : « On y reviendra plus tard. »

Pour faire une pause, le formateur propose de répondre à une demande qui lui a été formulée quelques minutes auparavant par certains membres du groupe et qui concerne le calcul d'un pourcentage. Ici encore, Catherine déclare qu'elle savait le faire avant l'explication, et que maintenant « elle est tout embrouillée ». Elle fait alors passer des exercices d'application au formateur : « Faites-nous donc faire cela. »

Ne voulant pas lui laisser prendre le pouvoir, le formateur refuse et déclare qu'on abandonne les pourcentages et qu'on reprend le cours de français. Catherine s'emporte : « On ne fait que survoler les choses. » Brouhaha dans la classe... Le formateur sent la colère monter et lui répond : « Je ne vous permets pas de dire cela, je vous ai consacré beaucoup de temps, votre revendication est irrecevable. » Sentant qu'il ne va pas pouvoir maîtriser la colère qui monte en lui, il met le groupe au travail et sort de la salle sous prétexte de photocopier les exercices donnés par Catherine, qu'il distribue et déclare « à faire pour la prochaine fois ».

À la fin du cours, le formateur ressent une impression de tristesse et de découragement.

ANALYSE DE LA SITUATION

▷ Ce que le formateur constate : « Elle m'interrompt tout le temps et ma méthode est remise en cause. »
▷ Ce qu'il ressent : « Je suis fatigué, je ne sais plus quoi faire. »
▷ Ce qu'il pense : « Elle veut me déstabiliser. »
▷ L'émotion qu'il éprouve : colère (impuissance, frustration).
▷ Le besoin du formateur : besoin d'être compris (besoin de sécurité, niveau 2 de la pyramide).
▷ Le comportement du formateur : il se positionne clairement, mais cède sur les exercices que Catherine lui fait passer, un point essentiel pour lui.

En se positionnant clairement sur le thème du survol, le formateur a obtenu ce qu'il désirait dans l'instant, c'est-à-dire l'arrêt de l'escalade, mais il ressent bien que cet arrêt n'est que provisoire : Catherine reviendra certainement à la charge une autre fois, ce qui provoque en lui une insatisfaction et lui fait craindre la prochaine séance. D'autre part, il a cédé sur un point essentiel pour lui (les exercices que Catherine lui a remis), ce qu'il ressent comme une prise de pouvoir réussie de la part de Catherine. Il n'a donc pas tenu compte de son besoin de sécurité.

PROPOSITION D'UNE DÉMARCHE ADAPTÉE

▷ Repérer la nature de l'émotion grâce aux signaux du corps : difficulté à suivre son idée, accélération du rythme cardiaque, contraction des muscles *[je ressens de la colère].*

▷ Prévoir ses réactions pulsionnelles *[j'ai envie de l'insulter].*

▷ Stop ! Ne plus bouger le corps, ne plus parler, se concentrer sur sa respiration afin de s'extraire de l'emprise ressentie. Ne pas répondre aux interpellations, ni aux provocations, ni aux questions.

▷ Repérer le besoin menacé : il s'agit ici du besoin de sécurité, niveau 2 de la pyramide *[si je perds le contrôle, je serai dans l'insécurité].*

▷ Choisir l'outil adapté : ici, le silence vigilant.

Il est important et urgent de ne pas entrer dans le système de l'escalade auquel nous assistons dans cet échange. Selon l'approche thérapeutique de l'école de Palo Alto, il s'agit d'un processus d'interactions et d'amplifications. Chacun des deux protagonistes fait toujours plus de la même chose (plus de provocation, plus de tentatives d'explications et de justifications, plus de provocation, etc.), et l'intensité des échanges va en s'amplifiant. Si rien ne désamorce le système, il s'emballe et finit par exploser. Il faut donc introduire un élément nouveau, quelque chose qui n'a pas encore été tenté : le silence vigilant.

EXERCICE N° 10 *Le silence vigilant*

- Sans réclamer le silence au groupe, le formateur s'impose à lui-même le silence absolu et l'absence de mouvement pendant un temps volontairement prolongé, jusqu'à ce que le calme soit revenu en lui d'abord, et au sein du groupe ensuite. Le formateur pourra estimer que le moment de reprendre la parole est venu lorsqu'il aura la certitude de pouvoir être entendu par tous en parlant tout bas.
- Le retour à la parole sera progressif et prudent. Attention : il s'agit ici d'une qualité de silence très particulière. Il doit être présence impassible et non bouderie ou indifférence quelconque, car il ne s'agit pas de manifester de l'agressivité ou de fuir la situation ; la présence doit être totale, l'attention à ce qui se passe, à la fois soutenue et absolument neutre. Tout réside dans la posture du corps, anormalement immobile, comme suspendu dans le temps, dans le regard, très observateur, et dans l'impassibilité des traits du visage. Au bout d'un certain temps, le calme du corps apaise les esprits, et le silence et l'attention remplacent l'agitation générale. Ne craignez pas de prolonger ce silence au-delà des premiers moments d'apaisement, ni de recommencer dès les premiers signes d'agitation.
- Faites un commentaire par écrit. Notez ici le plaisir éprouvé lors du silence vigilant prolongé, la sensation de maîtrise de soi et de maîtrise de la situation, ainsi que les conséquences observées sur le comportement des membres du groupe. Pour être capable de maîtriser la situation, vous devrez vous entraîner auparavant, montre en main, sinon le temps vous paraîtra très long et vous serez pressé d'interrompre cet épisode.

EXERCICE N° 11 *Découvrir le silence*

- Chaque jour, à la même heure, éteignez votre radio, votre télévision et toutes les sources de bruit de votre maison.

▸ Isolez-vous mentalement, ne bougez plus et essayez de tenir dix minutes sans parler, sans chantonner, sans émettre un seul son. Si le téléphone sonne, ne répondez pas. Faites l'expérience de la maîtrise du silence. Au début, le temps vous paraîtra anormalement long. Écoutez chaque bruit qui vous parvient. Le silence est plein de bruits que vous ne percevez certainement pas habituellement. Essayez de les écouter tous un par un et de les identifier. C'est un exercice délicieux.

Au lieu de « s'accrocher » à son pouvoir, le formateur lâche prise. Paradoxalement, c'est ainsi qu'il a le plus de chance de reprendre le pouvoir. Dans *L'Éloge de l'insécurité,* Alan W. Watts constate : « J'ai toujours été fasciné par la loi de l'effort inverse. Quand vous essayez de rester à la surface de l'eau, vous coulez, mais quand vous essayez de couler, vous flottez. » Tous les efforts que nous déployons pour assurer notre sécurité ne font que nous enliser dans notre fragilité et la précarité de nos certitudes. Le fameux « lâcher prise » des philosophies orientales paraît bien plus efficace, mais cette manière d'être au monde n'appartient pas à notre culture : la plus grande difficulté, pour un Occidental, c'est d'accepter de renoncer à s'agripper à tout ce à quoi il tient. Enfin, si vous êtes vous-même enseignant, il peut être intéressant de commencer votre cours en empruntant une citation à Anthony Robbins, auteur du *Pouvoir illimité* (Laffont) : « Je ne suis pas là pour vous aider, mais pour vous apprendre à vous aider vous-mêmes. »

Pour en savoir plus

Marc DE SMEDT, *Éloge du silence,* Albin Michel
Alan W. WATTS, *Éloge de l'insécurité,* Payot

Si le mot que tu vas prononcer n'est pas plus beau
que le silence, ne le dis pas.

PRÉCEPTE SOUFI

Rien ne rehausse l'autorité mieux que le silence,
splendeur des forts et refuge des faibles.

CHARLES DE GAULLE

Les conflits entre enseignants et apprenants (2)

Naama, formatrice d'origine maghrébine, et Sofian

Naama est formatrice. D'origine algérienne, elle est jeune, très jolie et très moderne dans sa tenue vestimentaire et dans son comportement. Au cours de l'une de ses interventions, Sofian, jeune animateur-stagiaire, également d'origine algérienne, l'interpelle à plusieurs reprises : « Cousine, t'es animatrice, toi aussi ? » ; « La femme, d'abord, elle sort pas ; les femmes ferment leur gueule. »

Naama parvient d'abord à contrôler l'expression de son émotion face à cette provocation, lui demande de la vouvoyer, puis le ton monte et Sofian lui rétorque : « Déjà, vous parlez pas arabe, vous vous habillez comme les Françaises, vous parlez comme les Françaises. » Naama s'emporte. « Oui, et en plus je mange du porc, je bois du vin et je porte un piercing au nombril », ajoute-t-elle en soulevant son tee-shirt. Sofian bat en retraite, se tait et s'enferme dans son mutisme. Il sera absent au cours suivant, mais présent par la suite.

ANALYSE DE LA SITUATION

- ▷ Ce que la formatrice constate : « Il me parle trop familièrement, il m'attaque verbalement. »
- ▷ Ce qu'elle ressent : mal-être intense, chaud, mains moites, pouls qui s'accélère.
- ▷ Ce qu'elle pense : « Il veut maîtriser la situation, il veut m'imposer ses valeurs, il ne respecte pas les miennes. »
- ▷ Les émotions qu'elle éprouve : de la peur (elle se sent agressée, déstabilisée ; elle ressent de la confusion), mais aussi de la

colère, car elle ne se sent pas respectée dans ses valeurs, et de la tristesse, car elle se sent blessée et rejetée par des représentants de la communauté musulmane.

- ▷ Les besoins de la formatrice : besoin de sécurité (niveau 2 de la pyramide) et besoin d'appartenance (niveau 3 de la pyramide).
- ▷ Le comportement de la formatrice : elle exprime sa colère avec force en affirmant sa différence, mais sans s'attaquer à Sofian, ce qui aurait provoqué une escalade de violence.

Naama a très bien géré cette situation, car elle a utilisé la propre force de son adversaire pour la retourner contre lui. Elle a saisi les arguments de Sofian et les a renforcés (« oui, ce que tu dis est vrai, et c'est encore plus vrai que tu ne le penses, car en plus je mange du porc, je bois du vin et j'ai un piercing dans le nombril... »), mais sans jamais attaquer Sofian. Ayant ainsi coupé cours à toute argumentation supplémentaire, elle a affirmé son appartenance à une autre communauté (elle a comblé son besoin d'appartenance) et a assuré sa sécurité (il s'est replié sur lui-même et a cessé ses attaques).

Les conflits sont courants dans les situations d'apprentissage des adultes, car la situation est en elle-même déstabilisante. Pour apprendre quelque chose de nouveau, il faut d'abord accepter de remettre en question ce qu'on sait déjà. Cela demande beaucoup d'humilité. L'apprentissage chez l'adulte se fait souvent dans la douleur ; il faut renoncer à ses certitudes, à des années de pratique empirique, remettre en question ses représentations, accepter que « sa » vérité ne soit pas « la » vérité, se retrouver comme un petit enfant, curieux et accueillant malgré les habitudes et les « faux plis » de son esprit.

EXERCICE N° 12 *Et en plus*

Notez ici cinq réflexions que vous avez coutume d'entendre à votre propos...	**Complétez ici en renforçant les affirmations de ceux qui vous critiquent** (terminez toujours par un point d'exclamation, qui sera comme un pied de nez à ceux qui pensaient vous anéantir)...
Par exemple : « Vous n'êtes pas une vraie musulmane... »	... et en plus, je mange du porc, je bois du vin et j'ai un piercing au nombril !
1.	... et en plus...
2.	... et en plus...
3.	... et en plus...
4.	... et en plus...
5.	... et en plus...

Pour en savoir plus

Georges CHAPPAZ et Monique LAFONT, *La Dimension affective dans l'apprentissage,* Université de Provence, CRDP de Marseille

---

Les animaux ne sont pas violents tant que
les processus biologiques et écologiques
sont équilibrants. Alors que les hommes
sont violents parce qu'ils ont l'intention de se donner
la possibilité d'éliminer ceux qui vivent
dans une autre représentation.

BORIS CYRULNIK

Les conflits larvés

Jean-Marc, 56 ans, et sa mère

Jean-Marc a 56 ans. Il est grand et mince, mais commence, malgré une bonne hygiène de vie, à accuser un petit ventre rebondi. Il n'a jamais connu son père. Sa mère lui a consacré toute sa vie ; elle l'a élevé seule, lui a fait poursuivre de brillantes études et ne s'est jamais mariée. Elle est très soucieuse de son apparence, plus particulièrement de son poids, et elle manifeste le même souci pour les autres. À chaque visite de son fils et de sa belle-fille, elle observe la ligne de Jean-Marc et fait à ce dernier des remarques désobligeantes. Ces remarques le blessent et l'irritent, mais il éprouve à l'égard de sa mère un tel respect et une telle reconnaissance qu'il ne s'autorise pas à la remettre en place comme il aimerait le faire.

ANALYSE DE LA SITUATION

- Ce que Jean-Marc constate : « Elle me fait une réflexion sur ma ligne. »
- Ce qu'il pense : « Comme d'habitude, elle ne peut pas s'empêcher de me faire ce genre de remarques ; elle pense que je m'alimente mal, que je bois de la bière. »
- Les émotions qu'il éprouve : colère et peur de blesser sa mère.
- Les besoins de Jean-Marc : besoin de reconnaissance (estime de soi, niveau 4 de la pyramide) et besoin d'appartenance (niveau 3 de la pyramide). Dans la situation présente, ces besoins sont contradictoires.
- Le comportement de Jean-Marc : soumission, acceptation, fuite.

JEAN-MARC A TROUVÉ SEUL UNE DÉMARCHE ADAPTÉE

- Sa mère pose sa main sur le ventre de Jean-Marc avec un air fâché. Au lieu de la repousser, il sourit : « C'est normal, avec toutes les bières et les cigarettes que je m'envoie, ça ne peut pas être autrement. » Elle s'éloigne en bougonnant et abandonne le sujet. Jean-Marc sait qu'elle ne reviendra pas à la charge dans l'immédiat.
- Cet épisode ressemble à une scène du film d'Yves Lavandier *Oui, mais...* dans laquelle Moenner, le psychothérapeute, entraîne Églantine à aller dans le sens de son adversaire pour le désar-

mer : « Quand quelqu'un se moque de vous, je vous propose de dire le pire mal de vous-même. »
C'est une méthode préconisée par l'école de Palo Alto.
– Première règle : ne pas se défendre.
– Deuxième règle : aller dans son sens *[oui, tu as raison].*
– Troisième règle : en rajouter.

▷ Jean-Marc a désarmé sa mère en appliquant cette technique. Toutefois, il a omis la deuxième phase *[oui, tu as raison],* qui est d'aller dans son sens. On peut imaginer que cette phase renforce la première en faisant que l'adversaire baisse totalement les armes et n'ait plus de raison de chercher à nous convaincre puisque nous sommes d'accord. Selon Laborit, l'agressivité est toujours une réponse à l'inhibition de l'action. On peut imaginer que la mère de Jean-Marc trouve par ce comportement le moyen de compenser un rôle qu'elle ne peut plus jouer. Le risque principal est le détournement de l'agressivité vers un autre objet ou envers soi-même. Pour éviter ce risque, Jean-Marc devra la rassurer sur le rôle qu'elle joue encore dans sa vie et dans celle de ses enfants.

▷ La technique présentée ici est également très efficace lorsque nous sommes confrontés à des taquineries répétitives, qui ne sont que des manifestations d'agressivité qui ne disent pas leur nom.

EXERCICE N° 13 *Nourrir son besoin d'appartenance*

- Dessinez un cercle au centre d'une feuille blanche, remplissez-le de votre couleur préférée et inscrivez-y votre prénom.
- Entourez-le d'autres cercles, colorés en bleu par exemple, dans chacun desquels vous porterez le nom de l'un de ceux qui constituent votre univers.
- Autour de chaque cercle bleu, dessinez de plus petits cercles rouges dans lesquels vous inscrirez les prénoms de ceux qui constituent l'univers des personnes figurant dans les cercles bleus.
- Tracez des cercles jaunes autour des cercles rouges, et ainsi de suite...

- Relier les cercles entre eux à l'aide de traits, de « ficelles » sur lesquelles vous schématiserez la nature des liens qui existent entre les individus : des cœurs pour des liens d'amour ou d'affection, des éclairs pour des liens orageux, des pointillés pour des liens occasionnels, des tenailles pour des liens d'emprise, etc.

Ce joli tableau constitue votre univers relationnel. Il peut se prolonger à l'infini ; une personne qui était dans un cercle jaune peut un jour se rapprocher de vous et investir un cercle bleu. Vous êtes responsable de l'univers que vous construisez autour de vous ; à vous d'en faire le tableau le plus riche et le plus coloré possible, à vous aussi de choisir la qualité des liens que vous allez créer.

Pour en savoir plus

Oui, mais... un film d'Yves Lavandier en cassette vidéo et en DVD

Une adolescente en pleine découverte de la sexualité souffre de relations difficiles avec ses parents. Elle entame une psychothérapie brève avec un thérapeute très inspiré de Milton Erickson, qui nous révèle les stratagèmes inconscients de chacun de nous. L'intention du scénariste est de nous plonger dans la complexité des relations humaines et de nous ouvrir les yeux sur les conséquences des interactions entre les différents acteurs d'une situation.

Il est possible de se procurer le scénario original du film annoté et commenté par l'auteur auprès de la société d'édition et de production Le Clown et l'Enfant :
immeuble des Maradas
1, boulevard de l'Oise
95030 Cergy Cedex
www.clown-enfant.com

Je suis les liens que je tisse avec les autres.

ALBERT JACQUARD

Comment surmonter la peur

La peur du changement

Hélène veut changer de métier

Hélène a 32 ans. Elle est mariée et mère de deux enfants. Elle est institutrice en école maternelle, mais apprécie moyennement ce métier. Après y avoir réfléchi, elle s'aperçoit qu'elle a en fait renoncé à l'aspect artistique de sa personnalité. Elle aurait aimé être décoratrice d'intérieur. Elle pourrait, bien entendu, faire une formation et changer de profession, mais elle n'ose pas. Elle cherche des conseils autour d'elle ; on lui répond le plus souvent qu'on ne quitte pas la proie pour l'ombre, alors elle renonce. En fait, ces conseils-là lui conviennent bien : ils confortent son immobilisme en apaisant sa peur du changement. Elle reste pourtant insatisfaite, et vient me trouver pour que je l'aide à faire son choix.

ANALYSE DE LA SITUATION

▷ Ce qu'Hélène constate : « Je ne me sens pas vraiment heureuse dans ce travail, mais j'y suis habituée. »
▷ Ce qu'elle ressent : « Je suis tiraillée entre partir et rester. »
▷ Ce qu'elle pense : « Il faudrait que j'aie le courage de changer. »
▷ Les émotions qu'elle éprouve : de la tristesse (renoncement à ses capacités) et de la peur (peur du changement).
▷ Les besoins d'Hélène : besoin de réalisation de soi (réalisation de son potentiel ; niveau 5 de la pyramide) et besoin de sécurité (son emploi, son salaire ; niveau 2 de la pyramide).
▷ Le comportement d'Hélène : immobilisme, renoncement.

Ici, il n'y a pas d'interlocuteur identifié auquel les besoins d'Hélène se heurtent. Hélène est seule face à sa décision. Elle cherche des avis autour d'elle, mais se rallie en fait aux avis qui la confortent dans son intention de ne pas changer. Le problème d'Hélène vient du fait qu'elle se trouve confrontée à deux besoins contradictoires en elle, le besoin de sécurité et le besoin de réalisation de soi. Or nous avons vu que, la plupart du temps, le besoin de sécurité, situé au deuxième niveau de la pyramide de Maslow, prime sur les besoins supérieurs.

Nous avons tendance à fonctionner toujours de la même façon, à passer par la même route chaque matin pour nous rendre à notre travail, à boire toujours un petit café au même bar, à porter le même type de vêtements, à consommer les mêmes aliments, à fréquenter les mêmes amis. Ces habitudes sont sécurisantes. Alors pourquoi changer ? Lorsqu'on connaît les règles du jeu, on sait où l'on va.

La résistance au changement est une manière de se protéger d'avoir à affronter l'inconnu ; « je préfère un mal que je connais à un bien que je ne connais pas », dit un proverbe arabe. Maslow affirme que, lorsqu'il faut choisir entre la sécurité et la croissance, c'est généralement la sécurité qui l'emporte. Et la sécurité, même inconfortable ou insatisfaisante, est bien souvent préférable aux risques liés à l'élan de croissance, car renoncer à ce que l'on connaît, c'est toujours provoquer une déconstruction, et donc une régression à un état antérieur.

PROPOSITION D'UNE DÉMARCHE ADAPTÉE

▷ Repérer la nature de l'émotion grâce aux signaux du corps *[quand j'imagine que je choisis le changement, mon cœur se serre, ma respiration se bloque, je ressens de la peur].*

▷ Prévoir ses réactions pulsionnelles *[j'ai envie de fuir le problème du choix].*

▷ Stop ! Cesser un instant de chercher à choisir, d'élaborer des hypothèses ; se concentrer uniquement sur ce qu'on ressent en ce moment précis.

▷ Repérer le besoin menacé : la sécurité (niveau 2 de la pyramide).
▷ Choisir l'outil adapté : ici, la situation « au pire ». Étant donné qu'on ne peut prévoir tous les éléments d'une situation de changement, quelles que soient nos spéculations, demeure toujours un vide, une zone d'incertitude propice à alimenter tous les fantasmes et génératrice d'angoisse.

La méthode de la situation « au pire » vient combler cette zone d'incertitude. Elle est apaisante dans la mesure où la nature a horreur du vide. Cette méthode est empruntée à la thérapie brève de l'école de Palo Alto. Il s'agit d'imaginer le scénario catastrophe en déroulant le raisonnement détaillé ci-dessous.

EXERCICE N° 14 *La situation « au pire »*

– Imaginons le pire qui pourrait se produire.
– Ceci...
– Ceci, OK. Alors que ferez-vous dans ce cas ?
– Cela...
– Cela, OK. Alors que ferez-vous à ce moment-là ?
– Cette autre chose...

Et ainsi de suite, jusqu'à « épuisement » du scénario, qui apparaît alors très souvent comme improbable.

Cette méthode permet d'affronter ses fantômes en sortant du flou. À chaque étape de la réflexion, soit on trouve l'action à accomplir pour se rassurer, soit on identifie la limite de ses capacités à changer pour l'instant.

La situation « au pire » permet en outre de relativiser les conséquences, qui sont souvent bien en deçà de ce que nous imaginions. On s'aperçoit, en les verbalisant, qu'on pourra très certainement les assumer. Cette méthode a pour effet immédiat de modifier l'état d'arrière-plan des émotions en abaissant la production hormonale déclenchée par le stress. Elle permet d'envisager la situation avec un peu plus de recul, en exerçant un contrôle intellectuel sur l'imagerie mentale *[si je peux survivre au pire, je pourrai survivre à toutes les situations en amont du pire].* Cette méthode permet en outre de repérer jusqu'où on est prêt à prendre des risques (jusqu'à la première réponse ? jusqu'à la deuxième ? jusqu'à la troisième ?).

Il convient ensuite de faire un commentaire par écrit. Ce dernier peut se résumer à imaginer l'enchaînement des événements dans le pire des cas et à mesurer le point d'achoppement de notre résistance. Pour Hélène, ce point pourra évoluer avec le temps, et aussi avec le soin qu'elle aura mis à combler son besoin de sécurité autrement qu'à travers la pérennisation d'une situation professionnelle.

Affronter la peur du changement, c'est le prix à payer pour assurer sa responsabilité individuelle, s'opposer au déterminisme, refuser le destin inéluctable et devenir enfin acteur de sa propre vie. Cela implique d'avoir à assumer ses choix, ses propres insuffisances, les conséquences de ses erreurs, de ses retours en arrière, de ses hésitations ou de ses maladresses. Cela implique également d'avoir à assumer les bouleversements que sa propre (et nouvelle) attitude va provoquer dans le cercle relationnel.

Le fait d'avoir du mal à expliquer aux autres nos raisons de choisir le changement nous pousse souvent à renoncer à ce changement, renoncement qui nous évite d'avoir à affronter des peurs nouvelles. Un exemple de peur du changement est présenté dans le film d'Yves Lavandier *Oui, mais...* : Églantine, une adolescente, voudrait changer de comportement face à sa mère, qui, en brandissant la menace du suicide, l'empêche de sortir. Oui, mais Églantine n'y parvient pas. Tant qu'elle entrera dans le jeu de sa mère, le système relationnel perdurera et un certain équilibre sera maintenu. Il s'agit pour elle de réfléchir à la question suivante : « À quoi devrais-je renoncer, quelles sont les choses négatives qui pourraient arriver si je change dans le sens que je souhaite ? » Cette réflexion permet d'entrevoir les bénéfices secondaires qui seront siens si elle ne change rien. Changer, c'est prendre le risque de renoncer à ses illusions. Églantine préfère continuer à vivre dans l'inconfort d'émotions contradictoires plutôt que modifier son comportement et avoir à assumer les effets que ses actes auront sur les autres. Pour beaucoup d'entre nous, cette attitude explique les résistances au changement, les thérapies interrompues, les justifications et les « oui, mais… » qui nous empêchent d'avancer.

N'oublions pas que la clé du changement comportemental est le changement synaptique. Ce dernier est possible grâce à la plasticité du cerveau : il faut « fabriquer » son cerveau pour lui faire faire ce qu'on veut. Une nouvelle habitude s'inscrit dans notre cerveau par apprentissage associatif et libération de dopamine. Il est plus facile de se fabriquer une nouvelle habitude que d'en perdre une ancienne, c'est pourquoi il est préférable de remplacer une habitude par une autre pour ne pas éprouver la sensation de vide, de manque. Enfin, si on a décidé de changer ses habitudes et que cette tâche s'avère difficile, il sera judicieux de comparer ses besoins et ses envies (voir exercice n° 1 « Du besoin à l'envie », page 61).

EXERCICE N° 15 *Petite nouveauté*

- Pendant un mois, faites chaque jour une chose nouvelle :
  - changez de trajet pour vous rendre à votre travail ;
  - portez un nouveau vêtement ;
  - changez de coiffure ;
  - visitez un endroit nouveau ;
  - mettez des bougies sur la table du dîner sans raison particulière ;
  - goûtez un plat nouveau ;
  - discutez avec quelqu'un que vous ne connaissez pas ;
  - achetez un nouveau journal ;
  - modifiez la place des meubles dans la maison.
- Surtout, observez les conséquences de ces changements et notez-les sur un carnet (une page par jour) : Que se passe-t-il ? Qu'en est-il de votre sensation de sécurité ? La vie vous paraît-elle plus agréable avec de la nouveauté ?

Pour que le changement soit moins angoissant, il est nécessaire de travailler avec des objectifs. Un objectif est souvent une étape sur le chemin d'un projet de vie. Si, par exemple, vous souhaitez vous arrêter de fumer, c'est un objectif qui s'inscrit dans un projet plus vaste de bonne santé et de liberté. Un objectif doit être daté : si vous ne datez pas votre résolution d'arrêter de fumer, c'est que vous n'êtes pas encore prêt. Afin d'être réaliste et de ne pas se décourager, il est important de se fixer des objectifs concrets, réalistes et précis.

Pour en savoir plus

Paul WATZLAWICK, *Faites vous-même votre malheur,* Le Seuil

Jean-Jacques WITTEZAELE et Teresa GARCIA, *À la recherche de l'école de Palo Alto,* Le Seuil

Françoise KOURILSKY-BELLIARD, *Du désir au plaisir de changer,* Dunod

Richard BACH, *Jonathan Livingston le goéland,* Flammarion

Joël DE ROSNAY, *Le Macroscope,* Le Seuil

Les obstacles sont des choses effrayantes
que nous découvrons lorsque nous détournons
nos yeux de notre objectif.

HANAH MORE

Ce qu'une chenille considère comme la fin du monde
prend le nom de papillon.

RICHARD BACH

Le système nerveux permet d'ajuster
l'environnement à l'équilibre homéostatique interne,
en agissant sur cet environnement.

HENRI LABORIT

> Pour évoluer, il faut se laisser agresser,
> accepter le transitoire.
>
> JOËL DE ROSNAY

La peur des autres

Christian aperçoit un gendarme

Chaque fois que Christian aperçoit un gendarme au coin de la rue, il lève le pied de l'accélérateur, même s'il n'est pas en infraction. Il associe inconsciemment l'uniforme à l'autorité et l'autorité à la punition liée au risque d'être pris en défaut. Ainsi, toute personne porteuse d'uniforme – donc détentrice d'autorité – provoque en lui une réaction de soumission. Pour se faire oublier, il se soumet préventivement en levant le pied, un réflexe, un reste de l'enfance face à des parents qu'il percevait comme autoritaires et suspicieux.

ANALYSE DE LA SITUATION

▷ Ce que Christian constate : « Il y a un gendarme au coin de la rue, je vais être obligé de passer devant lui. »

▷ Ce qu'il ressent : malaise, sentiment d'être en faute, impression d'être vulnérable.

▷ Ce qu'il pense : « Il va m'interpeller et trouver quelque chose qui ne va pas. »

▷ L'émotion qu'il éprouve : de la peur (une crainte confuse).

▷ Le besoin de Christian : être rassuré, qu'on lui dise qu'il n'a rien fait de mal.

▷ Le comportement de Christian : soumission.

▷ Il est facile de deviner que le gendarme n'éprouve pas de sentiment particulier à l'égard de Christian, qu'il ne connaît pas. Il ne constate pas d'infraction, n'éprouve ni sentiment ni émotion envers Christian. Il n'a pas besoin de l'arrêter, il n'adopte donc aucun comportement particulier vis-à-vis de lui.

PROPOSITION D'UNE DÉMARCHE ADAPTÉE

▷ Repérer la nature de l'émotion grâce aux signaux du corps *[mon rythme cardiaque s'accélère, ma température baisse, mon sang se glace, j'ai peur].*

▷ Prévoir ses réactions pulsionnelles *[j'ai envie de disparaître, de tourner au coin de la rue pour lui échapper].*

▷ Stop ! Se recentrer sur l'ici et maintenant. Se concentrer sur la tâche en cours (ici, la conduite du véhicule sans prise de risque). Surtout, ne pas céder à la tentation de fuir, de se dérober, car cela revient à se fuir soi-même ; cela ne ferait que renforcer la peur et le manque de confiance en sa capacité à affronter la même situation une prochaine fois.

▷ Repérer le besoin menacé : ici, le besoin d'estime de soi, niveau 4 de la pyramide *[l'uniforme représente l'autorité, et l'autorité m'a souvent pris en défaut dans le passé. Je rejoue une situation passée. J'ai besoin d'être rassuré sur mes capacités à faire bien les choses].*

▷ Choisir l'outil adapté : dans la situation présente, il s'agit de « guérir l'enfant intérieur ». Cet outil, qui est emprunté à Isabelle Filliozat, est destiné à guérir ce qu'elle nomme les « réactions élastiques », c'est-à-dire les réactions qui ne sont pas adaptées à la situation présente mais à une situation analogue vécue dans le passé.

EXERCICE N° 16 *Guérir l'enfant intérieur*

- Identifiez une réaction excessive – comme ici la réaction de Christian face au gendarme – et remontez dans votre passé. Quand avez-vous déjà ressenti une telle émotion ? Envers qui était-ce (un professeur, un parent, un voisin, un membre de la famille) ?
- Trouvez trois situations précises et notez-les de la plus récente à la plus ancienne.

1.
2.
3.

- Écrivez ensuite une lettre à la personne identifiée à la ligne numéro trois. Dites-lui votre ressenti sans l'accuser, sans la juger. Dites-lui de quoi vous auriez eu besoin à ce moment-là.
Même si vous gardez pour vous cette lettre, le simple fait de l'avoir écrite répare l'enfant en vous car les besoins de celui-ci sont reconnus. N'hésitez pas à placer une photo de vous enfant bien en vue dans votre maison, et parlez-lui souvent. Dites-lui que vous l'aimez et demandez-lui quels sont ses besoins. Ne craignez jamais le ridicule, personne ne peut vous entendre, sauf cet enfant-là !
- Faites un commentaire par écrit. Vous pouvez consigner par écrit vos progrès face aux figures d'autorité. Attention, il ne s'agit pas, face à l'autorité, de passer de l'enfant soumis à l'enfant rebelle selon la terminologie de l'analyse transactionnelle (c'est-à-dire à celui qui s'oppose systématiquement pour s'opposer), mais bien d'entrer progressivement dans une relation d'adulte à adulte.

« L'information parvient de l'extérieur par l'intermédiaire de nos cinq sens jusqu'au cerveau, qui la compare avec une situation passée présentant des analogies. Cette comparaison réactive les sensations éprouvées lors de la situation passée et commande le déclenchement d'hormones adaptées à la situation passée. » Pour sortir du comportement induit par les habitudes, il faudrait que le cerveau ait la capacité de vivre l'événement dans son contexte présent. Or, lorsqu'on vit l'événement, on ne peut faire totalement abstraction du souvenir du contexte initial, celui dans lequel l'événement analogue responsable de la première trace émotionnelle s'est déroulé. Dès qu'on aperçoit un élément du contexte, le cerveau restitue l'émotion attachée à cette information parcellaire et on réitère le comportement jusqu'à ce qu'il devienne un réflexe d'autoprotection. Cette habitude de comportement, qui participe à la structuration du caractère et de la personnalité, ne pose pas de problème tant que le comportement reste plus ou moins adapté à la situation. L'habitude se fabrique par apprentissage associatif et libération de dopamine.

Pour en savoir plus
Isabelle Filliozat, *Que se passe-t-il en moi ?* Marabout

C'est seulement par le risque de sa vie
que l'on conserve sa liberté.

HEGEL

La peur de prendre la parole en public

Une réunion à l'Agence France-Presse

Pour illustrer cette peur particulière, je vous livre une anecdote qui m'est arrivée il y a une vingtaine d'années. Pendant une période de ma vie professionnelle, j'ai été journaliste pour une radio locale. J'étais habituée à parler dans un micro, à m'exprimer en public, à animer des débats, à interviewer des personnes très différentes, à aller « chercher l'information » comme nous le disions alors.

Un jour, je participais à une réunion dans les bureaux de l'Agence France-Presse à Paris pour préparer, avec des confrères que je ne connaissais pas, une campagne nationale d'information sur le sida, sujet que j'avais l'habitude de traiter à cette époque et que je maîtrisais bien. L'Agence France-Presse était alors à mes yeux la référence en matière de qualité professionnelle, aussi étais-je très flattée d'être invitée. L'organisateur fit un tour de table pour que nous nous présentions. J'étais assise à sa droite, et donc la dernière à me présenter. Au fur et à mesure que les présentations se déroulaient, je me laissais impressionner par la qualité des personnes présentes, je sentis une fébrilité m'envahir, mes pensées devinrent confuses, et je pensai : « Pourvu que je ne rougisse pas ! » Quand vint mon tour, je sentis mes joues devenir écarlates instantanément, mes yeux se brouillèrent et je bredouillai quelques mots ; je me trouvais ridicule, et ce sentiment ne fit qu'aggraver mon trouble.

ANALYSE DE LA SITUATION

▷ Ce que je constate : « Les bureaux sont grands, magnifiques, les participants nombreux ; ce sont des inconnus, ils doivent être de bien meilleurs professionnels que moi ; je ne suis plus dans mon petit univers rassurant et valorisant. »
▷ Ce que je ressens : un malaise, comme si je n'étais pas à ma place.
▷ Ce que je pense : « Je ne suis pas à la hauteur et ils vont s'en apercevoir. »
▷ L'émotion que j'éprouve : de la peur.
▷ Mon besoin : être rassurée, être sécurisée.
▷ Mon comportement : je cède à l'émotion de peur, je bafouille et je rougis.

PROPOSITION D'UNE DÉMARCHE ADAPTÉE

▷ Repérer l'émotion *[mon cœur se serre ; quelque chose tremble en moi ; j'ai moins de salive ; je ressens de la peur].*
▷ Prévoir les pulsions *[je vais rougir et bafouiller].*
▷ Détecter les besoins : besoin d'estime de soi, niveau 4 de la pyramide *[j'ai besoin d'être rassurée sur mes capacités],* besoin de sécurité, niveau 2 de la pyramide *[j'ai besoin de repérer quelque chose de connu dans cet univers qui m'impressionne].*
▷ Stop ! Bloquer quelques secondes la respiration pour arrêter de suivre le mental dans ses fantasmes. Il est en effet impossible de suivre une pensée si on bloque le diaphragme.
▷ Choisir l'outil efficace : le recentrage sur « ici et maintenant ». Voici cet outil : inspirer, bloquer sa respiration pendant dix vraies secondes puis, en expirant, se concentrer complètement sur ce

qui se dit. Écouter chaque mot en étant parfaitement présent à l'autre, être mentalement tout près de celui qui parle, entrer dans son discours comme si on allait devoir répéter tout ce qui se dit lorsque notre tour de parler viendra, non pas par cœur comme un automate, mais en restituant sans se tromper le sens des paroles de chacun. Cette attention parfaite à l'instant présent focalise sur l'autre ou sur la tâche en cours ; nous ne sommes plus centré sur nous-mêmes et sur ce qui pourrait nous arriver.

Pour combler mon besoin de sécurité, il aurait fallu que je ne sois pas seule : un visage ami m'aurait tranquillisée. Une photo aurait pu jouer ce rôle puisque, dans ce cas précis, je n'étais pas accompagnée, par exemple la photo de « famille » que nous avions faite à la radio : la vue de tous mes collègues de travail autour de moi m'aurait certainement réconfortée en cet instant. Quant à vous, si pareille mésaventure vous arrive, choisissez la photo de qui vous donne confiance, vous sécurise, ou tout autre objet transitionnel. L'enfant qui vit toujours dans l'adulte a parfois besoin de son doudou !

EXERCICE N° 17 *Le mandala*

- Dessinez un cercle d'un diamètre de 20 centimètres environ au centre d'une feuille blanche.
- Disposez comme il vous plaira à l'intérieur de ce cercle et autant de fois que vous le souhaiterez les cinq éléments graphiques donnés page ci-contre, de manière à créer un dessin répétitif le plus harmonieux possible. Vous devez remplir le cercle et utiliser tous les éléments au moins une fois.
- Lorsque votre mandala est terminé, vous pouvez le peindre ou le colorier à la façon d'un vitrail de cathédrale.

Pendant toute la durée de ce travail, efforcez-vous d'être parfaitement concentré et impliqué ; dites-vous que ce que vous faites n'est peut-être pas important, mais qu'il est important que vous le fassiez.

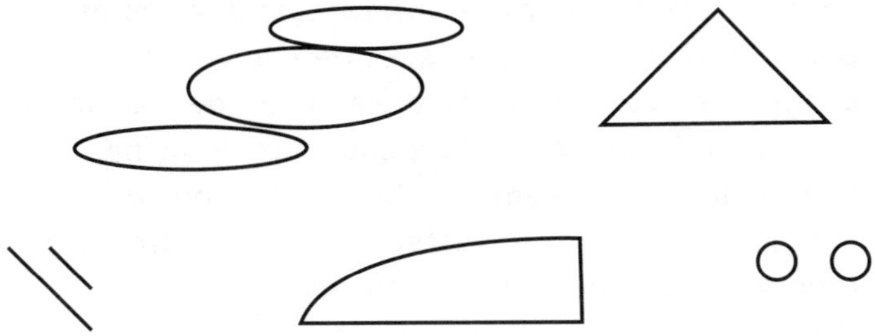

EXERCICE N° 18 *Le satori*

Cet exercice se pratique à l'extérieur.

- Lancez une balle le plus haut possible au-dessus de votre tête et essayez de la rattraper d'une seule main.
- Pendant les quelques instants où la balle retombe, vous êtes complètement absorbé par ce que vous avez à faire, vous ne pensez à rien d'autre.

Ce moment particulier de présence absolue correspond au satori des Japonais. Vous pouvez tenter de le reproduire plusieurs fois par jour lors de l'exécution de tâches ordinaires. Cette expérience consciente procure un bien-être profond et une grande satisfaction.

EXERCICE N° 19 *La danse de l'algue*

- Mettez-vous debout, les pieds légèrement écartés, et fermez les yeux.
- Imaginez que vous êtes une algue au fond de la mer et que votre corps se balance au rythme des vagues et des courants sans que jamais vos pieds ne se déracinent. Votre corps ploie, vos bras sont souples, vos jambes peuvent se plier et se déplier au niveau des genoux, vos hanches peuvent tourner, votre dos peut s'incliner vers le sol, votre tête aussi, mais jamais vos pieds ne se déracinent.

▸ Pendant que vous effectuez cette danse au fil de l'eau, prenez conscience de votre enracinement. Vous êtes à votre place, là où vous devez être, et rien de ce qui s'agite autour de vous ne peut vous atteindre au point de vous faire perdre pied. Rien ni personne ne peut vous déraciner. Vous êtes conscient des mouvements du monde, vous participez à ce mouvement, mais vous restez toujours à votre place et vous reprenez naturellement votre forme.

Le fait de rougir en public est lié à l'émotivité, qui est elle-même liée à la peur des autres. L'émotivité est une tentative ratée de masquer une émotion ressentie. Plus nous cherchons à la réprimer, plus elle veut s'imposer et plus nous entrons en lutte avec elle. Cette lutte est épuisante, et nous sommes toujours perdants à terme car nous fragilisons notre résistance aux chocs émotionnels. C'est comme une blessure infligée de façon répétitive à une même partie de notre corps. Au début, on a l'impression de s'aguerrir, on cicatrise un peu, puis on fragilise la plaie à force de lui infliger des coups.

Il serait peut-être intéressant de se souvenir : la dernière fois que nous avons vu un adulte rougir devant nous, qu'avons-nous éprouvé envers lui ? Bien souvent, nous avons ressenti un élan de sympathie ; nous avons eu envie de le rassurer sur nos intentions à son égard. En manifestant cette fragilité, l'autre nous donne du pouvoir. Nous ne pouvons pas rester insensibles à son comportement, nous lui en sommes reconnaissants et, inconsciemment, nous avons envie de le remercier en apaisant ses craintes.

Nous cherchons à réprimer nos émotions pour garder le contrôle, non seulement sur nous-mêmes mais aussi sur notre interlocuteur car nous souhaitons surtout que l'autre ne profite pas d'un moment de désarroi pour prendre le pouvoir. L'angoisse naît de la peur de ne pas dominer une situation. Selon Henri Laborit, les relations entre les êtres sont basées sur le pouvoir, et l'angoisse vient de l'impossibilité à dominer une situation. Ce pouvoir s'exerce à travers quatre comportements de base qui s'exercent toujours dans un but de conservation de la vie : la consommation, la fuite, la lutte et l'inhibition.

Ces relations sont étudiées dans le film d'Alain Resnais *Mon oncle d'Amérique,* dans lequel on observe toutes les méthodes, conscientes mais le plus souvent inconscientes, que le cerveau met en place pour prendre le pouvoir sur l'autre afin d'assurer sa survie. Ce film est une succession de situations interactionnelles ordinaires qui, à la lumière des expériences en laboratoire d'Henri Laborit, prennent tout leur sens.

Pour en savoir plus

Alain RESNAIS, *Mon oncle d'Amérique,* film en cassette vidéo et en DVD
Henri LABORIT, *La Nouvelle Grille,* Gallimard
Rüdiger DAHLKE, *Mandalas : comment retrouver le divin en soi,* Dangles
Antonio DAMASIO, *Spinoza avait raison,* Odile Jacob
Catherine AIMELET-PÉRISSOL, *Comment apprivoiser son crocodile,* Pocket
Dan MILLMAN, *L'Athlète intérieur,* éditions Vivez Soleil

La peur de la mort (1)

Claudia apprend que Christine a été victime d'un accident

Claudia est bouleversée. Elle se précipite vers moi, une coupure de journal à la main, et s'écrit : « Christine vient de se tuer en voiture, elle avait mon âge, une femme adorable, j'en suis malade. » Le visage de Claudia est transformé. Plus que le chagrin, c'est la peur que je lis dans ses yeux. Je l'interroge sur ses liens avec Christine. Elle me répond : « Je devais partir en vacances avec elle en juillet ; on se tracasse souvent pour peu de choses, on est si vite parti… » Cette réponse confirme à mes yeux cette peur de la mort qui nous habite tous.

ANALYSE DE LA SITUATION

▷ Ce que Claudia constate : « Christine a eu un accident mortel. »
▷ Ce qu'elle pense : « Ce n'est pas juste, elle était si gentille, si jeune. »
▷ L'émotion qu'elle ressent : de la peur.
▷ Le besoin de Claudia : être rassurée (besoin de sécurité, niveau 2 de la pyramide).
▷ Son comportement : elle parle de l'accident.

Notre société a complètement occulté l'idée de la mort : on cache les vieux, les malades, on expédie les mourants à l'hôpital, on bâcle les rites et les enterrements, on ne porte plus le deuil, on passe vite à autre chose, à la vie. On n'aime pas beaucoup côtoyer la mort, excepté dans les films et dans les journaux télévisés, où on ne sait plus très bien si elle est réelle ou virtuelle. Cette politique de l'autruche a un coût : la mort finit toujours par nous rattraper, et la réalité est d'autant plus douloureuse qu'on s'en est détourné.

PROPOSITION D'UNE DÉMARCHE ADAPTÉE

L'objectif ici est de se réconcilier avec l'idée de la mort. Avoir peur de la mort n'est pas en soi anormal (au sens premier du terme, c'est-à-dire contraire à la normalité), puisque le but de tout organisme vivant est de se maintenir en vie. Il ne s'agit pas de se laisser envahir par l'idée de la mort au point qu'elle inhibe toute action (peur de voyager, peur de tomber malade, d'être empoisonné, d'être attaqué, etc.), mais bien de goûter chaque jour la chance d'être encore en vie. Si la mort vous a frôlé, faites-en une occasion d'aimer encore plus la vie et de lui faire savoir.

EXERCICE N° 20 *Merci*

◗ Chaque matin, au moment de votre réveil, prenez quelques instants pour sentir la vie dans votre corps. Sentez la douceur de votre respiration, la chaleur ou la fraîcheur de l'air sur votre peau, votre sang couler dans vos membres jusqu'au bout des doigts.

- Explorez votre corps tranquillement, aimez-le. Prenez conscience de votre chance : vous auriez pu ne jamais naître, il aurait suffit de si peu de choses pour que vous ne soyez pas là, que vous n'ayez jamais connu ce soleil, ces gens, cette maison, cette lumière, ce parfum...
- Un matin, vous le savez bien, vous ne vous éveillerez pas, mais le temps n'est pas encore venu. Profitez de cette chance, ne la gâchez pas, faites-en quelque chose de beau, d'utile, de gai. Soyez digne du cadeau qui vous est fait, soyez reconnaissant de ce que vous avez au lieu de craindre de le perdre.
- Et dites doucement : « Merci la vie ! »

Pour en savoir plus
Marie de Hennezel, *La Mort intime,* Robert Laffont

La mort, celle que nous vivrons un jour, celle qui frappe nos proches ou nos amis, est peut-être ce qui nous pousse à ne pas nous contenter de vivre à la surface des choses et des êtres.

MARIE DE HENNEZEL

La peur de la mort (2)

Manuelle et Jérôme, un mauvais voyage

Manuelle a 22 ans. Pour plaire à Jérôme, elle accepte un soir, chez lui, de prendre de la cocaïne et un cachet d'ecstasy. Elle sent qu'elle perd petit à petit son contrôle. Deux amis de Jérôme viennent d'arriver. Manuelle panique : « Ils vont me violer. » Avant qu'il ne se passe quoi que ce soit, elle hurle et frappe les garçons, elle dit qu'elle a une force incroyable, elle exige de Jérôme qu'il la raccompagne immédiatement chez elle. Jérôme tente en vain de la calmer, et il la raccompagne. Depuis, elle ne veut plus le voir.

Aujourd'hui, Manuelle a un nouveau petit ami, mais elle vit dans la peur, jusqu'à ne pas vouloir se retrouver seule avec ce nouvel ami dans un endroit qu'elle ne connaît pas. « J'essaie de ne plus avoir peur, de partir en voiture avec lui, mais je n'y arrive pas », affirme-t-elle. Elle dit qu'elle vit dans « l'angoisse de la mort » et déclare n'avoir « plus confiance en aucun garçon ». Elle dit qu'elle s'en veut d'avoir accepté de prendre ces cachets, qu'elle voudrait « gommer cela de sa mémoire ».

ANALYSE DE LA SITUATION

- ▷ Ce que Manuelle constate : « J'ai échappé à un grand danger. »
- ▷ Ce qu'elle pense : « J'aurais pu mourir ou me faire violer ; le monde est dangereux, les hommes peuvent me trahir et je suis vulnérable. »
- ▷ Les émotions qu'elle ressent : de la peur, de la honte.
- ▷ Les besoins de Manuelle : besoin de sécurité (niveau 2 de la pyramide) et besoin d'estime de soi (niveau 4 de la pyramide).
- ▷ Son comportement : autoprotection, prudence excessive, crises de panique.
- ▷ Cet événement a fait perdre ses repères à Manuelle. Elle prend conscience qu'elle est mortelle. Elle a perdu confiance aussi bien dans le garçon qu'elle fréquentait (et, à travers lui, dans toute la gent masculine) qu'en elle-même. Il s'agit pour elle de se fabriquer de nouveaux repères en tenant compte de cette prise de conscience que la mort fait partie intégrante de la vie.

PROPOSITION D'UNE DÉMARCHE ADAPTÉE

- ▷ L'objectif est d'apprivoiser l'idée de la mort tout en sachant apprécier la réalité du danger. Pour cela, Manuelle doit accepter la déconstruction de ses illusions de petite fille pour se fabriquer son propre système de sécurité, mais il faudra auparavant qu'elle se pardonne, qu'elle reprenne confiance en son propre jugement, en sa capacité à se protéger elle-même.

▷ L'outil proposé ici est l'effort inversé, qui est basé sur le principe suivant : quand on essaye de rester à la surface de l'eau, on coule, mais quand on essaye de couler, on flotte.

▷ Pour Manuelle, il s'agit de ne pas chercher à se faire violence en affrontant des situations nouvelles : inutile de s'obliger à faire de longues routes en voiture avec son nouvel ami puisque cela l'insécurise ; ne pas chercher à rencontrer des personnes nouvelles ; ne rien changer dans sa vie. Au contraire, elle notera les dix premiers mots qui lui viennent à l'esprit quand elle pense « sécurité ». Ces dix mots seront ses mots repères, ceux autour desquels elle devra reconstruire son univers (Manuelle a choisi : mon appartement, ma famille, mon travail, ma sœur, ma mère, mon père, ma voiture, être seule, prendre l'air, me promener). Ensuite, elle acceptera peu à peu d'intégrer son petit ami et des éléments nouveaux dans cet univers. Lorsque ces personnes nouvelles ou ces éléments nouveaux seront apprivoisés, elle pourra commencer à sortir de cet univers pour explorer d'autres aspects de la vie, et pour prendre à nouveau le risque d'une rencontre.

▷ Il est important ici de ne pas se faire violence. Tout acte violent serait assimilé à l'idée de la mort imminente.

EXERCICE N° 21 *Le test de l'effort inversé*

- Ne pensez pas à une jument blanche.
- Ne pensez pas à un éléphant rose.
- N'imaginez pas qu'il se rencontrent et font un bébé.
- N'imaginez pas ce à quoi pourrait ressembler ce bébé.

Surtout faites bien attention : n'imaginez pas cela !

Résultat du test page suivante...

RÉSULTAT DU TEST DE L'EFFORT INVERSÉ

- ▷ Répondez bien franchement : n'avez-vous pas vu la jument blanche ? et l'éléphant rose ? et leurs ébats amoureux ? N'avez-vous pas eu une petite image de ce fameux bébé ?
- ▷ Conclusion : plus vous ferez d'efforts, plus vous serez dans la tension pour chasser quelque chose de votre esprit, moins vous obtiendrez ce résultat !

Pour en savoir plus
Alan W. WATTS, *Éloge de l'insécurité*, Payot

La peur de l'échec

Chantal passe son bac

Chantal est joyeuse. Elle vient de passer un examen pour obtenir le DAEU, un diplôme réservé aux adultes qui, si elle l'obtient, lui donnera accès aux études supérieures. Elle pense qu'elle a bien répondu à toutes les questions, et maintenant elle attend, un peu inquiète mais confiante, son résultat. Le téléphone sonne. Une amie, qui est dans la même situation qu'elle, lui fait savoir sans précautions qu'elle a une mauvaise nouvelle à lui annoncer. Le cœur de Chantal se met à battre, sa pensée se trouble ; « je ne suis pas reçue », pense-t-elle aussitôt. En fait, il s'agissait simplement d'annuler un rendez-vous pour le lendemain. Ouf ! Elle raccroche.

Le système s'est néanmoins mis en route. L'amygdale a été activée électriquement, ce qui a déclenché une action sur la moelle épinière, qui a activé les glandes surrénales, qui ont déversé de l'adrénaline dans le sang de Chantal pour mobiliser toutes les sources d'énergie de son corps, qui devra maintenant faire face à la situation, terrible pour elle, celle qu'elle imagine. Ce qui se passe dans son corps, c'est ce qui se passe dans le corps d'un animal face à un prédateur. L'enjeu n'est pas le même, mais, à l'instant présent, le cortex de Chantal est anesthésié, et seul le complexe amygdalien fonctionne à plein régime. Heureusement, l'hypothalamus a en même temps activé l'hypophyse, qui, en déversant une hormone spécifique dans les surrénales, leur a commandé de libérer du cortisol dans le sang. Cette action, en inhibant toutes les fonctions autres que l'élan de réponse à l'élément stressant, a permis à Chantal de concentrer toute son attention pendant une fraction de seconde sur ce danger potentiel : « Je ne suis pas reçue. » Mais il s'agissait d'une fausse alerte. Le danger est passé. Très rapidement, il faut que l'organisme de Chantal retrouve son équilibre pour fonctionner paisiblement. Là encore, c'est le cortisol qui va permettre, dans les heures qui vont suivre, de réparer les cellules endommagées après cet incident. Chantal recouvrera progressivement son calme, mais ressentira le soir une grande fatigue et des problèmes intestinaux. Elle ne s'en étonnera pas, car elle sait que c'est là son point faible : chaque fois qu'elle stresse, elle a mal au ventre.

ANALYSE DE LA SITUATION

▷ Ce qu'elle constate : « Mon amie va m'annoncer une mauvaise nouvelle. »
▷ Ce qu'elle ressent : son cœur bat très fort, sa pensée se trouble.
▷ Ce qu'elle pense : « La mauvaise nouvelle est forcément mon échec, je suis vraiment nulle. »
▷ L'émotion qu'elle éprouve : de la peur (proche de la panique).
▷ Le besoin de Chantal : savoir qu'elle a de la valeur (estime de soi ; niveau 4 de la pyramide).
▷ Son comportement : son corps se fige.

PROPOSITION D'UNE DÉMARCHE ADAPTÉE

Il paraît ici difficile de travailler sur la situation elle-même de manière très efficace. En effet, au moment où l'événement survient, Chantal est déjà parfaitement conditionnée pour réagir comme elle l'a fait : elle « attend » le coup de téléphone qui va confirmer ses craintes. Même si elle se dit qu'elle a bien travaillé, quelque chose de plus profond en elle, la représentation qu'elle a d'elle-même *[je suis nulle],* lui signifie qu'elle ne peut qu'avoir échoué. Tout en elle est en place pour accueillir cette information. Comment, dans ces conditions, peut-on espérer voir un autre scénario se dérouler ?

On voit ici à quel point nos représentations conditionnent notre comportement. Elles sont un substitut de la réalité ; elles sont une construction intellectuelle conçue à partir des connaissances stockées en mémoire et des données issues de l'environnement. Il convient donc d'agir sur ces représentations de manière à ne pas nous enfermer dans celles qui débouchent, comme dans le cas présent, sur une appréciation faussée de la réalité *[je ne suis pas capable, je suis nulle, donc j'ai forcément échoué].*

EXERCICE N° 22 *Les représentations*

Voici un outil capable de modifier les représentations.

◗ Répondez par écrit à ces questions en notant le chiffre ou le nombre qui vous semble adéquat :

- rouler vite, c'est rouler à ... kilomètres à l'heure ;
- un vieil homme, c'est un homme âgé de ... ans ;
- une famille nombreuse, c'est une famille de ... enfants ;
- un homme grand mesure plus de ... centimètres ;
- se coucher tard, c'est se coucher à ... heures ;
- un long chemin mesure ... kilomètres ;
- une femme menue pèse moins de ... kilos ;
- boire trop, c'est boire plus de ... verres de vin par jour ;
- dépenser beaucoup, c'est dépenser plus de ... euros par jour.

◗ Lorsque vous aurez répondu à toutes ces questions, faites faire le test autour de vous, et comparez. Les critères qui ont servi à établir les réponses respectives sont conçus à partir des représentations de chacun. Par exemple : pour vous, un homme grand doit mesurer plus de 180 centimètres ; pour une femme pygmée, ce sera 160 centimètres ; pour une Suédoise, ce sera 195 centimètres, etc.

- Quelle représentation avez-vous de vous-même ?
  - Essayez de dresser votre portrait.
  - Que pensez-vous de vous ?
  - Pourriez-vous tomber amoureux de vous si vous étiez quelqu'un d'autre ?
  - Vous choisiriez-vous comme ami ?
  - Vous engageriez-vous si vous étiez patron ?
  - Pourquoi précisément ?
  - Malgré vos imperfections et les erreurs que vous avez commises, aimez-vous la personne que vous êtes aujourd'hui ?
  - Pouvez-vous lui faire confiance en ce qui concerne sa capacité à rebondir ?
- À partir de cette représentation, demandez-vous : « Qui me demande d'être parfait ? À qui dois-je plaire pour avoir le droit d'exister ? » Apprenez à vous donner le droit d'échouer sans vous condamner. Dites-vous : « Je vais seulement essayer ; si ce n'est pas le bon chemin, je changerai de chemin. » En quoi l'échec peut-il être une source d'information sur ce que vous êtes et sur ce que vous allez devenir ?

Il nous est difficile de remettre en question nos représentations, d'admettre l'incertitude, de reconnaître que « notre » monde n'est pas « le » monde et de faire face à l'insécurité dans laquelle nous plonge cette prise de conscience. Pourtant, accepter de côtoyer l'instable, le relatif, permet de se fortifier. Nous repoussons ainsi notre zone de tolérance à l'incertitude en élargissant notre vision du monde : il existe autre chose que ce que je crois, et non seulement le fait de côtoyer cette altérité ne m'anéantit pas, mais il peut m'enrichir.

Bien entendu, il convient d'avancer avec prudence dans cette zone, comme si on marchait avec un bandeau sur les yeux. Au-delà de la sphère dans laquelle nous éprouvons audace et confiance relative, nous nous sentons en danger de « mort » symbolique, et c'est l'émotion qui nous informera de ce point de rupture.

L'erreur est l'ambassadrice de la vérité.

PROUDHON

Pour évoluer, il faut se laisser agresser,
accepter le transitoire.

JOËL DE ROSNAY

La peur de l'abandon

Christophe est trop jaloux

Christophe est né hors mariage, à une époque et dans un milieu où cela était inconcevable. Ses parents l'ont confié dès sa naissance à un service d'accueil, le temps de s'organiser matériellement pour pouvoir le reprendre. Après quelques mois, il a rejoint une famille nourricière qui l'a élevé en espérant secrètement pouvoir l'adopter. Il a construit les premières années de sa vie au sein de cette famille. Quand il a atteint l'âge de 5 ans, ses parents, qui avaient construit un foyer et eu deux autres enfants, l'ont récupéré. Ce quiproquo entre les deux familles, la première qui n'avait nullement l'intention d'abandonner et l'autre qui avait le projet d'adopter, les a séparées définitivement. Pendant toute son enfance, Christophe n'a donc pas revu sa famille nourricière. Cette séparation, qui aux yeux des adultes est apparue comme une évidence, a bouleversé l'enfant, qui s'est senti rejeté et abandonné par sa famille nourricière, et kidnappé par l'autre.

L'adulte de 30 ans que j'ai rencontré m'a raconté cette histoire après m'avoir avoué qu'il était d'une « jalousie maladive » avec sa compagne, et surtout qu'il était persuadé que ses histoires d'amour devaient inévitablement s'arrêter, que l'autre ne manquerait pas de l'abandonner un jour. Malgré cela, il avait horreur qu'une femme veuille lui mettre le grappin dessus : « Je n'appartiens à personne », affirmait-il. Paradoxalement, il multipliait les aventures. « Au moins, c'est moi qui quitte les femmes que je rencontre », disait-il, avant d'ajouter qu'avec un peu de chance, si sa compagne l'abandonnait, il ne se retrouverait pas seul avec sa peine.

ANALYSE DE LA SITUATION

▷ Ce que Christophe constate : « On m'a changé de maison, de famille sans me demander mon avis. »
▷ L'émotion qu'il éprouve : de la peur (peur d'être rejeté d'une part et peur d'être kidnappé d'autre part).
▷ Ce qu'il pense : « On m'a kidnappé d'un côté, on m'a abandonné de l'autre, cela risque de se reproduire. »
▷ Ce qu'il dit : « Ma compagne risque de m'abandonner, les femmes risquent de me mettre le grappin dessus. »
▷ Ses besoins : qu'on le rassure, qu'on lui dise qu'on ne le quittera jamais ; il a aussi besoin de ne pas se sentir prisonnier d'une situation (le besoin de liberté est lié au besoin de sécurité, on ne peut se sentir libre que lorsqu'on se sent en sécurité).
▷ Son comportement : il trompe et fait des scènes de jalousie. C'est le comportement typique du jaloux qui pense ainsi pouvoir garder la maîtrise sur les situations qu'il redoute.

PROPOSITION D'UNE DÉMARCHE ADAPTÉE

▷ Repérer la nature de l'émotion grâce aux signaux du corps *[quand je pense que l'autre pourrait m'abandonner, mon esprit se trouble, ma respiration s'accélère, je ressens de la peur].*
▷ Prévoir ses réactions pulsionnelles *[je vais faire une scène de jalousie ou tromper l'autre pour le devancer, pour le punir de vouloir m'abandonner].*
▷ Stop : interruption volontaire du processus. S'isoler, fermer les yeux et crisper tous ses muscles le plus possible, puis les relâcher en expirant à fond et bruyamment. Ensuite, se concentrer pendant quelques secondes sur sa respiration en sentant chaque inspiration ouvrir davantage la cage thoracique. Cet apport

d'oxygène calme l'angoisse et oblige à détourner son attention de son obsession.

▷ Repérer le besoin menacé : besoin de sécurité (niveau 2 de la pyramide).

▷ Choisir l'outil adapté à la situation : ici, « nos différences ».

« Dans un espace, on apprend au contact des choses et des êtres que certaines choses et certains êtres sont indispensables à notre bien-être, à notre plaisir, à notre équilibre biologique » (Henri Laborit). Cet apprentissage qui nous mène tout droit à la notion de propriété, parfois si confondue avec la notion d'amour, est à l'origine de la jalousie : cet être est à moi, il m'appartient, je l'aime. Ainsi, on peut dire avec Henri Laborit que « l'amour, même quand il paraît le plus altruiste, est toujours égoïste ». Comment garder près de soi l'objet d'amour, celui qui nous apporte du plaisir, sans le posséder comme une chose, sans en interdire l'accès à tout autre, sans limiter sa liberté ?

Dans l'exemple ci-dessus, on voit bien à quel point Christophe s'est senti rejeté et comme cette certitude, qui s'est ancrée en lui, a forgé une personnalité terrorisée par l'idée de l'abandon. Pour combler son besoin de sécurité, il devient possessif, excessivement jaloux de ceux qui approchent sa compagne. Pour ne pas être surpris par l'abandon, il préfère collectionner les conquêtes, ce qui lui donne l'illusion d'avoir du pouvoir sur son destin, et ce jusqu'au jour où il trouvera une compagne suffisamment sécurisante pour apaiser son angoisse.

EXERCICE N° 23 *Nos différences*

La peur de l'abandon est liée à l'illusion de la fusion avec l'autre. Pour échapper à cette illusion, il paraît important de repérer ce qui, dans votre couple, appartient à chacun de vous. Pour cela, complétez le tableau ci-contre en recherchant vos différences...

Moi	Mon conjoint
Je suis...	Il/elle est...
Je sais...	Il/elle sait...
Je veux...	Il/elle veut...
J'aime...	Il/elle aime...
Je connais...	Il/elle connaît...
J'attends...	Il/elle attend...
J'ai...	Il/elle a...
J'espère...	Il/elle espère...
Je crois...	Il/elle croit...
etc.	etc.

Avez-vous éprouvé des difficultés à compléter ce tableau ? De quel ordre sont ces difficultés ? Les différences vous inquiètent-elles quant à la pérennité de votre couple ? Les ressemblances vous sécurisent-elles ?

Pensez-vous que, décidément, l'autre n'a rien de commun avec vous (sous-entendu que vous êtes mieux que lui) ou croyez-vous, au contraire, que vous pensez toujours la même chose et désirez toujours les mêmes choses (sous-entendu, que vous et l'autre êtes une seule et même personne) ? Ces deux attitudes sont aussi dévastatrices l'une que l'autre, à moins que vous ne soyez sur le point de quitter votre conjoint ; dans ce cas, vous avez raison, dépêchez-vous d'apprendre à exister pour vous-même !

La peur d'avoir peur

Stéphanie n'ose plus conduire

Stéphanie se sent dans l'insécurité dès qu'elle se rend en voiture dans un endroit qu'elle ne connaît pas. La raison qu'elle invoque, c'est qu'elle a été victime d'un malaise, il y a quelque temps, alors qu'elle cherchait sa route au cœur d'une ville. Sa gorge s'est mise à la gratter et elle a fait une crise de spasmophilie. Les pompiers sont intervenus et elle a été transportée à l'hôpital. Depuis, elle a peur que cela recommence et, dès que sa gorge la gratte, elle interprète cela comme annonciateur d'une crise inévitable. Elle reste en permanence à l'affût de ce signe, surtout lorsqu'elle est au volant de sa voiture. Petit à petit, elle n'ose plus aller faire ses courses ailleurs que dans le village voisin. Chaque fois qu'elle est obligée de se rendre plus loin, elle doit se « forcer », se « faire violence », tant elle redoute la crise.

ANALYSE DE LA SITUATION

▷ Ce que Stéphanie constate : « J'ai perdu toute maîtrise alors que j'étais au volant, cela a commencé par la gorge qui gratte. »
▷ Ce qu'elle ressent : « Je ne peux ni prévoir ni maîtriser une nouvelle crise. »
▷ Ce qu'elle pense : « Cela va sûrement encore arriver. »
▷ Ce qu'elle dit : « J'ai peur. »
▷ L'émotion qu'elle éprouve : la peur de ne plus maîtriser une situation dangereuse.
▷ Les besoins de Stéphanie : besoin de sécurité (niveau 2 de la pyramide) et besoin de confiance en sa capacité à maîtriser (estime de soi, niveau 4 de la pyramide).
▷ Son comportement : elle évite au maximum la situation, c'est un comportement de fuite. Lorsqu'elle ne peut l'éviter, elle lutte, elle se force, se fait violence, ce qui ne peut qu'aggraver sa peur.

PROPOSITION D'UNE DÉMARCHE ADAPTÉE

▷ Repérer la nature de l'émotion grâce aux signaux du corps *[mon corps se fige, ma gorge gratte, j'imagine un danger que j'ai déjà rencontré].*
▷ Prévoir ses réactions pulsionnelles *[je vais fuir la situation, je ne vais pas prendre la voiture].*
▷ Stop : interruption volontaire du processus. Accepter l'idée qu'il est toujours possible de ne pas prendre la voiture. Rien n'est jamais absolument obligatoire, il y a toujours une autre solution possible. Dans le pire des cas, Stéphanie pourra rester à la mai-

son. Accepter cette éventualité, c'est se garder une porte de sortie de l'angoisse au lieu de se bloquer comme un chat dans le coin d'une pièce.

▷ Repérer le besoin menacé : besoin de sécurité, niveau 2 de la pyramide *[j'ai besoin d'être rassuré].*

▷ Choisir l'outil adapté à la situation : ici, il convient de prendre conscience que cette peur n'est que l'anticipation d'une autre peur, plus réelle celle-là, la peur de n'être pas capable de maîtriser une situation qui pourrait se produire. L'objectif est le retour dans le moment présent car, pour l'instant, le danger n'existe pas encore. En revenant dans le présent, Stéphanie retrouvera un peu de paix et pourra transformer son scénario catastrophe en scénario idéal.

En fait, Stéphanie redoute tellement d'avoir à affronter la situation qu'elle préfère l'anxiété à la peur. L'anxiété est un sentiment qui permet de retrouver un peu de contrôle sur les événements à venir. Se faire du souci à propos d'une situation dont la maîtrise nous échappe totalement permet de reprendre du pouvoir, et donc de récupérer un peu de sécurité. C'est ce qu'on appelle la peur d'avoir peur. Cette première peur, au moins, on la maîtrise un peu puisqu'on en est l'unique auteur. Vous me rétorquerez sans doute que Stéphanie a raison d'avoir peur puisqu'il y a danger, et je vous répondrai qu'il est encore plus dangereux d'ajouter de la peur à la peur : cette accumulation d'hormones dans le sang épuise l'organisme, et ne peut que contribuer à le fragiliser face au danger s'il survient.

L'anxiété permet d'élaborer des hypothèses, et par là même de récupérer de la maîtrise sur une situation inconnue à venir. Puisqu'on ne peut agir sur ce qui n'est pas encore là, on peut au moins agir virtuellement en échafaudant des scénarios. Cette anxiété, loin de permettre à Stéphanie de trouver la bonne solution, ne fait que la conforter dans son attitude de fuite. Il lui faut s'en débarrasser afin qu'elle puisse affronter sa véritable peur : avoir un malaise au volant. La peur de ce qui risque d'arriver, « ce gâcheur de présent » selon l'expression d'Alan W. Watt, c'est bien cette appréhension qui nous empêche d'être pleinement conscient du moment présent. Pour récupérer de la motivation à agir, il est nécessaire de récupérer de la confiance.

EXERCICE N° 24 *Le scénario idéal*

- Installez-vous confortablement, couvrez-vous. Veillez à ne pas être dérangé par un bruit soudain (téléphone, sonnerie à la porte...) qui pourrait compromettre durablement la séance.
- Fermez les yeux, imaginez un écran blanc, vierge, et amenez progressivement, un par un, tous les éléments de la situation que vous redoutez (ici, Stéphanie amènera sa voiture à l'arrêt, portières ouvertes. Elle amènera ensuite la route, les fleurs sur le bas-côté, le soleil dans le ciel, puis les gens). N'allez surtout pas ailleurs que sur ce tableau fixe, à cet endroit précis ; n'anticipez pas. Si l'un des éléments que vous apportez vous dérange, c'est qu'il n'est pas encore temps de l'introduire dans le décor : enlevez-le.
- Lorsque vous le souhaiterez, lorsque l'évocation sera suffisamment paisible, installez-vous dans le décor. Il s'agit pour le moment d'un décor fixe (la voiture de Stéphanie ne roule pas), les personnages ne parlent pas, ne bougent pas, vous composez un tableau.
- Au bout de quelques minutes, toujours paisiblement, amenez petit à petit des sons, une musique que vous aimez, une chanson qui vous rappelle de bons souvenirs ; sentez l'air qui caresse votre peau.
- Animez progressivement les personnages, un par un ; vous-même, ne bougez pas encore.
- Enfin, mettez le « film » en route (Stéphanie « fermera » les portières, « démarrera » lentement et « regardera » le paysage défiler). Rien ne peut vous arriver ; prenez votre temps. Si une crainte survient, arrêtez tout et « écoutez » votre

chanson préférée jusqu'à ce que vous retrouviez votre calme (Stéphanie « ralentira », « s'arrêtera sur le bord de la route » et se calmera, puis elle « repartira » doucement).

- Arrivé à votre but, savourez le plaisir d'avoir dominé la situation : vous vous sentez fort et tranquille, et vous avez en ce moment précis pleinement confiance en vous. Associez mentalement ce sentiment, cette sensation à un geste, geste qui vous servira de point d'appui lorsque vous vous sentirez fragile.

Pour en savoir plus

Évelyne MOLLARD, *La Peur de tout,* Odile Jacob

Comment apaiser la tristesse

Après la perte d'un être cher

La mort tragique de Cécilia

Cécilia avait 32 ans. Elle était anorexique et habitait seule, près de chez ses parents. Caroline, sa mère, se sentait souvent soutenue par Cécilia face à son mari et à ses autres enfants.

Hier, Cécilia a beaucoup pleuré, et demandé à sa mère si elle pouvait revenir vivre chez elle. Caroline lui a dit « plus tard, après les travaux », et l'a consolée brièvement. Cécilia est rentrée chez elle seule. Ce matin-là, elle n'est pas passée voir sa mère comme à l'accoutumé. Lorsque cette dernière s'est présentée chez Cécilia, elle a trouvé la porte close. Sa fille ne répondait pas et Caroline ne pouvait pas ouvrir car les clés étaient à l'intérieur, dans la serrure.

Les pompiers trouveront le corps de Cécilia, pendue, une lettre d'adieu à ses parents posée sur la table. Depuis, Caroline refuse de se nourrir et ne prononce plus que ces mots : « Je veux qu'on me la rende. »

ANALYSE DE LA SITUATION

- ▷ Ce que Caroline constate : « Ma fille s'est suicidée. »
- ▷ Ce qu'elle ressent : vertige, son sang se glace, incrédulité, impuissance.
- ▷ Ce qu'elle pense : « Je n'ai pas su la sauver. »
- ▷ Ce qu'elle dit : « Je veux qu'on me la rende. »
- ▷ Les émotions qu'elle éprouve : tristesse, culpabilité.

- ▷ Les besoins de Caroline : besoin d'être rassurée (besoin de sécurité, niveau 2 de la pyramide), besoin de retrouver sa fille pour se racheter (besoin d'estime de soi, niveau 4 de la pyramide), besoin de reconstruire sa famille comme elle était avant (besoin d'appartenance, niveau 3 de la pyramide), besoin de donner du sens à sa vie (niveau 5 de la pyramide) et besoin de se nourrir correctement (niveau 1 de la pyramide).
- ▷ Le comportement de Caroline : elle refuse la réalité de la situation.

PROPOSITION D'UNE DÉMARCHE ADAPTÉE

- ▷ Comme on peut le constater, les besoins de Caroline se situent à tous les niveaux de la pyramide. Toute sa personnalité est bouleversée. Elle ne peut accéder à la saine tristesse, qui est la dernière phase du deuil, tant qu'elle refusera la réalité. Ce chagrin de l'absence, la culpabilité et l'impuissance qu'elle ressent nourrissent son désespoir et son refus du quotidien. Elle devra être aidée, soutenue par ses proches ou par un professionnel pour parvenir à prendre la distance nécessaire à sa survie.
- ▷ Guérir de la perte d'un être cher ne signifie pas pour autant l'oublier. Il s'agit de faire la paix avec les événements, d'accepter ce qui est afin de pouvoir commencer à réagir. Dans le cas de Caroline, il est évident qu'elle ne peut pas s'en sortir seule. Les conseils prodigués ci-dessous s'adressent donc à ses proches.
- ▷ Repérer la nature de l'émotion de Caroline grâce aux signaux de son corps : Caroline ne mange plus, elle est devenue aussi maigre que sa fille ; Caroline fuit la vie pour échapper à la tristesse.
- ▷ Prévoir ses réactions pulsionnelles : si rien ne vient modifier le déroulement des événement, Caroline se laissera mourir.
- ▷ Repérer les besoins de Caroline qui se trouvent menacés : besoin d'appartenance (niveau 3 de la pyramide), car Caroline a besoin de croire que Cécilia ne l'a pas reniée, ne l'a pas vraiment quittée ; besoin d'estime de soi (niveau 4 de la pyramide), car Caroline a besoin de croire qu'elle a été une bonne mère, qu'elle a fait ce qui devait être fait ; besoins physiologiques (niveau 1 de la pyra-

mide), car Caroline a besoin de se nourrir et de retrouver le sommeil ; besoin de sécurité (niveau 2 de la pyramide), car Caroline a besoin de penser qu'elle n'est pas responsable et que cela ne va pas se reproduire ; besoin de réalisation de soi (niveau 5 de la pyramide), car Caroline a besoin de donner du sens à sa vie et à la mort de Cécilia.

▷ Choisir l'outil adapté à la situation : l'écoute empathique et la reformulation.

Appelée aussi « écoute rogérienne », car définie par Carl Rogers, l'écoute empathique est une qualité d'écoute particulière qui demande à l'auditeur d'être attentif à l'émotion de celui qui parle. Il s'agit de percevoir tout le non-verbal, tout ce qui accompagne la seule parole. Écouter l'autre de manière empathique, c'est l'accepter tel qu'il est dans son cadre de référence sans apporter le moindre jugement, sans impatience et sans chercher à minimiser sa peine ou sa souffrance. C'est la première étape, la plus longue et la plus importante, vers le processus de deuil.

La reformulation de ce que l'autre a exprimé se fait alors que celui-ci a terminé de parler ; il ne faut jamais l'interrompre. Elle commence en général par « si je t'ai bien compris », et reprend les termes qui ont été employés par l'interlocuteur.

À cette écoute empathique et à cette reformulation devra s'ajouter le souci de combler les besoins de Caroline. Ses proches devront nourrir son besoin d'appartenance en étant extrêmement présents, en lui faisant comprendre qu'eux aussi ont besoin d'elle. Ils pourront nourrir son besoin d'estime de soi en lui rappelant toutes les bonnes actions qu'elle a faites tout au long de sa vie pour Cécilia et pour eux. En donnant du sens à la mort de Cécilia, c'est ainsi qu'ils redonneront du sens à la vie de Caroline. Seul un médecin pourra, semble-t-il, lui réapprendre à s'alimenter. Quant au besoin de sécurité, il pourra être nourri grâce à la qualité de vie de ses autres enfants.

Cette attitude patiente devra permettre au processus de deuil de se dérouler naturellement en faisant baisser progressivement les résistances de Caroline. Vous pouvez vous entraîner à la reformulation grâce à l'exercice suivant.

EXERCICE N° 25 *La reformulation*

- Ouvrez un livre à n'importe quelle page et lisez silencieusement un paragraphe, une seule fois.
- Fermez le livre, en prenant soin de repérer le numéro de la page, puis prenez un stylo et écrivez ce que vous avez retenu de l'idée transcrite, si possible en utilisant les mêmes termes que l'auteur.
- Contrôlez et corrigez.
- Recommencez avec un ouvrage plus difficile d'accès, dans un domaine qui n'est pas le vôtre (ouvrage scientifique, par exemple). Contrôlez et corrigez.
- Que pensez-vous de votre reformulation ? Avez-vous été fidèle à la pensée de l'auteur ? Si vous faisiez lire vos lignes à l'auteur, serait-il satisfait de votre version ? Que manque-t-il ?

Cet exercice donne rapidement des résultats appréciables. Faites-le souvent, et vous serez étonné de constater que votre capacité d'écoute et de reformulation s'améliore très vite.

Il est important de savoir qu'il existe des associations capables de venir au secours de ce type de détresses. N'hésitez pas à vous faire conseiller ou aider par des professionnels ou par des personnes ayant vécu le même drame, car l'issue d'une telle souffrance est toujours incertaine.

Pour en savoir plus

Carl ROGERS, *Le Développement de la personne,* Dunod
Elisabeth KÜBLER-ROSS, *La Mort intime,* Robert Laffont

Ne reste pas à pleurer devant ma tombe,
Je n'y suis pas, je n'y dors pas,
Je suis un millier de vents qui soufflent,
Je suis le scintillement du diamant sur la neige,
Je suis la lumière du soleil sur le grain mûr,
Je suis la douce pluie d'automne
Quand tu t'éveilles dans le calme du matin,
Je suis le prompt essor
Qui lance vers le ciel où ils tournoient
Les oiseaux silencieux,
Je suis la douce étoile qui brille la nuit.
Ne reste pas à te lamenter devant ma tombe,
Je n'y suis pas, je ne suis pas mort.

ANONYME

La mort, c'est comme un bateau
qui s'éloigne. Il y a un moment où il disparaît
à l'horizon. Mais ce n'est pas
parce qu'on ne le voit plus qu'il n'existe plus.

MARIE DE HENNEZEL (PROPOS RECUEILLIS)

Vivre, c'est mourir par morceaux.

MONTAIGNE

Après un échec

Éliane et l'entretien d'embauche

Éliane a répondu à une petite annonce dans le journal. On recherche une secrétaire-comptable dans une petite entreprise près de chez elle. Elle a repéré l'entreprise, qui semble lui convenir : les employés qui y travaillent sont souriants, le cadre est sympathique. Elle a les capacités requises, le profil demandé, et déjà une première expérience dans le métier. Le salaire proposé est au-dessus de ce qu'elle avait l'intention de demander et, de plus, elle pourrait rentrer à son domicile pour déjeuner à midi puisqu'elle habite non loin de là. Tout semble correspondre à ses attentes, et elle-même semble être la candidate idéale, selon l'annonce. Éliane est à peu près certaine d'être embauchée.

Elle se présente, l'entretien se déroule sans problème et l'entreprise lui annonce qu'elle doit honorer d'autres rendez-vous, mais que sa candidature les intéresse particulièrement. Éliane repart confiante et s'offre même un petit cadeau pour fêter cela. Deux jours plus tard, elle reçoit un appel de l'entreprise : une autre candidate a été retenue, qui correspond mieux au profil du poste. « Ce n'est pas grave, je vous remercie de m'avoir appelée », trouve-telle le courage de répondre. Éliane raccroche et éclate en sanglots.

ANALYSE DE LA SITUATION

▷ Ce qu'Éliane constate : « On a confié le poste à une autre personne. »
▷ Ce qu'elle ressent : elle est déçue.
▷ Ce qu'elle pense : « Je me suis trompée. »
▷ Ce qu'elle dit : « Ce n'est pas grave, je vous remercie de m'avoir appelée. »
▷ L'émotion qu'elle éprouve : de la tristesse (de la déception).
▷ Les besoins d'Éliane : besoin d'être consolée puis, dans un second temps, besoin d'être encouragée.
▷ Le comportement d'Éliane : elle éclate en sanglots.

PROPOSITION D'UNE DÉMARCHE ADAPTÉE

- ▷ Repérer la nature de l'émotion grâce aux signaux du corps *[ma température diminue brusquement, tout semble se ralentir en moi, mes épaules s'affaissent tandis qu'on me parle, je ressens de la tristesse].*
- ▷ Prévoir ses réactions pulsionnelles *[je vais me renfermer sur moi-même, me replier, j'éprouve de la tristesse].*
- ▷ Repérer les besoins menacés : besoin d'être consolée (besoin d'appartenance, niveau 3 de la pyramide) puis, dans un second temps, besoin d'être encouragée à continuer ses recherches (besoin d'estime de soi, niveau 4 de la pyramide). Ce besoin ne doit jamais venir interrompre le processus de deuil ; il ne pourra trouver sa place qu'après celui-ci.
- ▷ Choisir l'outil adapté à la situation : ici, « faire et refaire ».

Chaque vie est un apprentissage, et aucun apprentissage ne peut se faire autrement que par essais/erreurs. Lorsque vous étiez petit, vous avez appris à marcher ; un jour, vous avez lâché la main de l'adulte pour vous élancer seul, sur vos deux petites jambes ; vous avez triomphé, dompté les lois de l'équilibre, vous avez assuré votre centre de gravité, vous avez su coordonner votre regard, votre élan et votre vitesse, vous avez enfin réussi à vous rendre sans tomber d'un point à un autre sur vos deux jambes en assurant la stabilité de votre corps avec vos bras. Quelle victoire ! Mais avant d'en arriver là, vous avez maintes fois trébuché, vous vous êtes égratigné les genoux. Peut-être même vous êtes-vous fait une grosse bosse à la tête et avez-vous beaucoup pleuré, mais vous avez réussi à force de persévérance, persuadé que votre projet de marcher méritait ces chutes, ces larmes et ces moments de désespoir. Et vous avez eu raison.

L'apprentissage de la vie ressemble à celui de la marche. Le chemin est jalonné de pierres sur lesquelles vous trébucherez encore sans doute, mais l'échec est toujours provisoire et le chemin continue jusqu'au bout de la vie.

La tristesse engendre la transformation. Elle est toujours la dernière phase du deuil, et signifie que vous avez accepté la situation, que celle-ci a été vécue dans toute son intensité et qu'enfin il ne vous reste plus qu'à tourner la page pour vous reconstruire. Envisager la tristesse sous cet angle permet d'apercevoir le bout du tunnel, la fin de la plainte selon l'expression de François Roustang.

EXERCICE N° 26 *Faire et refaire*

- Vous allez, comme dans l'exercice n° 17, composer un mandala. Choisissez un papier de qualité et préparez-vous à exécuter un dessin particulièrement original et réussi. Apprêtez-vous à faire quelque chose de superbe.
- Attention, avant de commencer, imprégnez-vous de l'idée que, dès que votre mandala sera terminé, vous allez le détruire. Si cette résolution vous empêche d'accomplir votre œuvre, repoussez-la simplement et mettez-vous au travail avec amour, avec détermination.
- Lorsque vous avez terminé, détruisez le mandala et, seulement à ce moment-là, lisez les commentaires qui suivent.

Pour en savoir plus
Rüdiger DAHLKE, *Mandalas : comment retrouver le divin en soi,* Dangles

COMMENTAIRES SUR L'EXERCICE « FAIRE ET REFAIRE »

▷ Votre mandala est terminé, et vous avez sans doute ressenti beaucoup d'émotions contradictoires en le faisant. Peut-être l'envie d'abandonner. Peut-être le désir de bâcler un travail qui sera détruit, ou encore le sentiment de l'inutilité de cet exercice.

▷ J'espère que vous vous êtes appliqué et que, même si vous avez hésité en pensant « à quoi bon le détruire ? », vous l'avez détruit quand même.

▷ Alors, seulement, vous avez compris : ce que vous avez détruit n'est qu'un objet ; l'expérience, elle, est gravée en vous. Elle existe et existera toujours au fond de vous. Ce que vous avez fait est inscrit dans votre histoire personnelle et dans l'histoire de l'univers. Vous avez acquis une capacité nouvelle, celle de pouvoir créer et vous détacher de votre propre création. C'est une vertu que vous possédez maintenant et pour toujours. Vous avez fait cette expérience, et rien ni personne ne peut gommer cela.

▷ De toutes nos expériences, il reste toujours en nous quelque leçon à tirer qui nous fait devenir plus fort et plus sage.

Après une rupture sentimentale

Quand Marc quitte Émeline

Émeline s'est amourachée de Marc. Grand, brun, d'un caractère heureux, Marc plaît aux femmes. Il le sait mais n'en profite pas. C'est un garçon sérieux, qui veut se construire une vie paisible ; son discours est toujours rassurant et respectueux. Émeline est tombée sous le charme. Marc n'a pas résisté à ses avances. Émeline a cru au grand amour et a commencé à élaborer des projets. Hélas, quelques mois plus tard, devant l'empressement d'Émeline, Marc lui a fait comprendre qu'il n'était pas prêt à s'engager pour la vie et qu'il préférait rompre et ne plus la revoir.

Celui en qui Émeline avait placé tant d'espoir lui échappait définitivement. Elle n'était pas en colère contre Marc, qui ne lui avait rien promis, mais elle était triste à l'idée de ne plus jamais le revoir. En perdant Marc, elle avait la sensation de se perdre elle-même, la vie n'avait plus de goût ; sans Marc, elle n'avait plus de raison de vivre. Depuis, elle pleure et souffre chaque jour, et les conseils de ses amis ne lui sont d'aucun secours.

La perte d'un être cher, qu'elle soit due à sa mort ou à son départ, est toujours une souffrance et une déchirure. On aurait envie de raisonner Émeline, de lui dire qu'elle s'est construit une illusion, une belle histoire dont Marc était le héros, et qu'elle pourra construire d'autres histoires, plus réelles celles-là, avec un autre Marc qui partagera ses rêves, mais Émeline, comme toutes les personnes qui ont subi un échec amoureux, ne peut entendre ce langage de la raison. Elle souffre, et sa tristesse prend toute la place dans sa vie. Elle la rend sourde et aveugle à tout ce qui n'est pas sa douleur.

ANALYSE DE LA SITUATION

- ▷ Ce qu'Émeline constate : « Marc m'a quittée. »
- ▷ Ce qu'elle ressent : une grande déchirure, le sentiment d'une perte.
- ▷ Ce qu'elle pense : « Je l'ai perdu pour toujours. »
- ▷ Ce qu'elle dit : « La vie ne vaut plus la peine d'être vécue. »
- ▷ L'émotion qu'elle éprouve : de la tristesse (dernière phase du deuil).
- ▷ Les besoins d'Émeline : besoin d'être consolée, besoin de croire encore à l'amour.
- ▷ Le comportement d'Émeline : elle pleure et n'écoute personne.

PROPOSITION D'UNE DÉMARCHE ADAPTÉE

- ▷ Repérer la nature de l'émotion grâce aux signaux du corps : « Je me replie sur moi, je pleure, je ressens de la tristesse. »
- ▷ Prévoir ses réactions pulsionnelles : « Je vais me replier encore plus pour laisser libre cours à mon chagrin, la vie ne vaut pas d'être vécue. »
- ▷ Repérer les besoins menacés : besoin d'être consolée (besoin d'appartenance, niveau 3 de la pyramide) puis, dans un second temps, besoin d'être encouragée à vivre une autre histoire (besoin d'estime de soi, niveau 4 de la pyramide, et besoin d'appartenance, niveau 3 de la pyramide). Comme dans l'exemple précédent, le besoin d'encouragement ne doit jamais venir interrompre le processus de deuil. Le temps est un allié précieux qu'il ne faut jamais presser.
- ▷ Choisir l'outil adapté à la situation : ici, « le goût du temps ».

On prétend qu'il faut au moins quatre saisons pour guérir de la perte d'un d'amour qui a duré plus de quatre saisons. Quatre saisons pour revivre les anniversaires, les fêtes, les vacances sans l'autre, sans penser à l'autre, sans lui demander ce qu'il aimerait, ce dont il a envie. Quatre saisons pour apprendre à revivre chaque matin sans lui (ou sans elle), qui prenait tant de place.

EXERCICE N° 27 *Le goût du temps*

- Prenez un calendrier vierge de l'année à venir ou, mieux, fabriquez-en un.
- Petit à petit, devant chaque jour, vous allez poser un acte significatif, par exemple offrir des fleurs à une amie ou emmener votre petite nièce au cinéma. Commencez par les jours qui ont du sens pour vous, comme votre anniversaire ou celui d'un proche ; engagez-vous par écrit à faire une action précise ce jour-là.
- Continuez avec Noël, le jour de l'an, la fête des Pères, la fête des Mères, Pâques, les vacances ; pensez à tous les gens que vous pouvez rendre heureux malgré votre souffrance actuelle, simplement en vous manifestant.

Bien sûr, ce travail est très difficile à effectuer quand on souffre ; si vous n'arrivez pas à trouver le courage de le faire, écrivez devant chaque jour tout ce à quoi vous devez renoncer à cause de celui ou de celle qui vous a quitté, tous ces petits riens dont votre chagrin vous prive. Ensuite, pleurez, pleurez tout votre saoul ; les pleurs s'arrêtent un jour, soyez-en certain ! Un matin, vous trouverez que la lumière est plus transparente, les couleurs plus vives et l'air plus doux, alors vous jetterez le calendrier et vous bénirez le temps qui passe.

Devant votre chagrin, nombre de personnes brandiront la volonté comme une arme absolue, capable de vous guérir si seulement vous le voulez bien. La volonté est une vision philosophique occidentale du déterminisme du comportement humain.

On se souvient de la campagne contre la drogue menée par l'épouse d'un ancien président des États-Unis : *« Just say no. »* Comme si la volonté seule suffisait à délivrer l'homme. Comme si l'individu était séparé de son contexte, de son environnement, de sa culture, de ses émotions ; comme s'il avait la maîtrise de son cerveau.

Cette vision a aussi été véhiculée par les Églises instituées, et surtout par l'Église catholique avec la notion de péché, poursuivie jusque dans les recoins les plus intimes de l'âme humaine *[je n'aurai pas de mauvaise pensée].* Comme si l'on pouvait s'empêcher de penser !

Cette notion culpabilisante du pouvoir de la volonté humaine nourrit la souffrance des plus fragiles. Seul le temps peut induire la guérison sur laquelle la volonté refleurira. Comme le dit un proverbe chinois, « on ne tire pas sur une plante pour la faire pousser plus vite ».

Comment tirer parti de la joie

Un coup de foudre

Isabelle tombe sous le charme d'un visiteur

Isabelle aime raconter comment elle est tombée sous le charme de Fabien. « Je ne sais pas pourquoi, lorsqu'il est apparu dans l'encadrement de la porte, je l'ai reconnu. Je ne l'avais jamais vu, mais j'ai su instantanément qu'il aurait un rôle essentiel dans ma vie. Il ne correspondait pas *a priori* à mes critères de séduction conscients, mais il s'est passé quelque chose d'indéfinissable, d'incompréhensible, d'intraduisible avec des mots ; j'ai su à l'instant même qu'il serait quelqu'un d'important pour moi. Quelque chose dans son sourire, dans le timbre de sa voix, dans sa manière de s'appuyer sur le cadre de la porte et d'attendre la réponse à sa question : "Excusez-moi, mademoiselle, suis-je bien dans le bureau de monsieur Jullien ?" J'ai senti mon cœur gonfler dans ma poitrine. Soudain, tout m'est apparu plus lumineux, les couleurs plus vives, les sons plus clairs, l'air plus léger ; j'en étais persuadée, je venais de rencontrer un ange, un magicien ou un extra-terrestre, en tout cas quelqu'un qui ressemble comme deux gouttes d'eau à l'amour. »

ANALYSE DE LA SITUATION

▷ Ce qu'Isabelle constate : cet homme est séduisant.
▷ Ce qu'elle ressent : un trouble, de la confusion, une agitation.
▷ Ce qu'elle pense : il est quelqu'un d'important pour moi.

▷ L'émotion qu'elle éprouve : de la joie.
▷ Ses besoins : aller vers l'autre, partager quelque chose avec lui.
▷ Son comportement : elle l'accueille un peu plus chaleureusement que la situation ne l'exige.

PROPOSITION D'UNE DÉMARCHE ADAPTÉE (L'OBJECTIF EST DE TIRER PARTI DE CETTE ÉMOTION)

Peut-on prétendre connaître une personne que l'on voit pour la première fois ? Non, bien sûr, et pourtant le coup de foudre existe ; certains l'ont rencontré, et parfois même installé dans le temps, transformant peu à peu cette première émotion en sentiment pérenne. Pourquoi l'émotion a-t-elle joué le rôle du signal d'alarme : « C'est lui [elle] ! » Sur quelles certitudes l'émotion s'est-elle construite, sur quels souvenirs, sur quelles traces, sur quels besoins ? Si elle a vu juste, si l'histoire s'est installée dans le temps, on peut parler d'intelligence émotionnelle. Le cerveau limbique a su reconnaître chez l'autre les signes annonciateurs de sa capacité à combler nos besoins.

On peut alors s'interroger sur le lien qui existe entre une émotion et un sentiment concernant le même objet. Par exemple, « l'émotion d'amour » – ce que nous ressentons dans notre corps au début d'une histoire d'amour – est-elle un indicateur de la qualité à venir du « sentiment d'amour » qui s'installera dans notre histoire lorsque le cortex aura pris le relais du système limbique dans cette histoire, ou n'est-elle que la simple projection sur un être de notre fantasme de trouver un objet pourvoyeur d'amour infini ?

L'observation des couples autour de nous nous renseigne peu, car bien des passions ont tourné court quand d'autres se sont inscrites dans le temps en trouvant un rythme plus paisible. Lorsque Cyrulnik s'est penché sur le sentiment amoureux lors d'une récente intervention à la télévision, il a surtout fourni au téléspectateur des questions sur la nature du lien virtuel qui unit deux individus et sur notre besoin d'apaiser l'angoisse du vide qui nous sépare des autres, et il lui a proposé de réfléchir aux raisons qui font que ce lien est plus puissant que les autres liens sociaux ou familiaux.

L'intensité de l'émotion d'amour serait-elle proportionnelle à notre désir de remplir ce vide, et donc à notre angoisse de la mort ? Comment tirer parti de cette émotion ? En s'inspirant de l'expérience paroxystique de Maslow. Abraham Maslow qualifie de « paroxystique » une expérience émotionnelle génératrice d'émotion positive intense. La nature de l'expérience importe peu, seule compte l'intensité de l'émotion qui l'accompagne. L'être est tout entier dans son expérience et dans un état proche de la fascination ou de la complète absorption. Simone Weil affirmait que « l'attention absolument pure est prière ». La réaction émotionnelle est une joie intense, bouleversante.

On pourrait qualifier de « paroxystique » l'expérience amoureuse, la révélation mystique, la prise de conscience en analyse, l'émotion bouleversante éprouvée devant une œuvre d'art ou lors d'un concert philharmonique, ou encore celle ressentie par une mère lors de la naissance de son enfant. Plus prosaïquement, certaines situations peuvent déclencher en nous d'intenses émotions jubilatoires, comme la réussite à un examen, l'obtention du permis de conduire ou un cadeau inattendu.

EXERCICE N° 28 *L'expérience paroxystique*

- Écrivez une lettre à votre meilleur ami. Dites-lui ce que vous avez ressenti lors de l'expérience la plus merveilleuse de votre vie : moment de bonheur intense, d'extase, de ravissement, expérience amoureuse, fascination due à un morceau de musique, à un livre ou à un tableau, ou bien période de création. Essayez de lui exprimer tout ce que vous avez ressenti à ce moment-là, les sensations, les émotions, les bouffées de bonheur, comment vous vous êtes senti différent de ce que vous étiez l'instant auparavant, comment vous vous êtes senti un autre être, en quoi le monde vous est apparu différent.

Rédiger ce document fait renaître en chacun l'émotion qui accompagnait l'expérience. Vous retrouverez sans aucun doute un morceau de ce moment magique alors que vous vous concentrez pour rédiger, pour exprimer au mieux le changement intervenu dans votre métabolisme, car la seule évocation d'une situation a les mêmes effets que la situation elle-même sur l'organisme.

Selon Maslow, l'expérience paroxystique aurait des effets thérapeutiques au sens strict de la disparition des symptômes névrotiques. Il la compare à « la découverte d'un paradis personnel après laquelle on redescend sur terre ». Au moment de l'expérience paroxystique, l'individu se sent unifié, moins en lutte, paisible, cohérent ; il éprouve un sentiment de dépassement de soi, ses forces sont optimisées.

Carl Rogers appelle cette sensation le « plein régime ». La raison en est que, dans cette expérience, il n'y a pas de déperdition d'énergie, l'individu ne gaspille pas ses forces. Il se sent libre et fort, en cohérence avec lui-même. L'identité individuelle se révèle dans cette expérience, c'est un accomplissement. Si vous avez eu la chance de tomber amoureux, vous avez sans doute éprouvé cela. Pour Boris Cyrulnik, l'émotion amoureuse procure à celui qui l'éprouve la sensation d'occuper tout l'espace, de ne plus être coupé du monde. Selon lui, « on n'aime pas seulement son partenaire mais tout ce qui fait le monde ; c'est cette sensation de contact permanent avec le monde qui rend euphorique ».

À ce propos, je voudrais citer une expérimentation faite aux États-Unis par Pennebacker en 1989. Il demanda à un groupe de participants de consacrer vingt minutes par jour pendant une semaine, un jour sur deux, à la rédaction d'épisodes émotionnels importants. Un second groupe (groupe contrôle) était chargé de faire le même travail d'écriture, mais sur des expériences ne suscitant aucun souvenir émotionnel particulier. Trois ou quatre semaines plus tard, Pennebacker constata que les participants qui avaient effectué la procédure d'écriture de souvenirs émotionnels (et qui avaient éprouvé d'importantes réactivations émotionnelles au cours de l'écriture) étaient en bien meilleure santé que les membres du groupe contrôle. Cette observation était encore plus évidente lorsqu'il recommandait aux participants de porter l'accent sur les aspects émotionnels de l'événement plutôt que de raconter les faits en eux-mêmes.

On peut en déduire que la réactivation d'un souvenir émotionnel très intense et positif associé aux effets de la procédure d'écriture ne peut avoir qu'un effet bénéfique sur notre santé.

Pour en savoir plus

Abraham Maslow, *L'Accomplissement de soi,* Eyrolles
Carl Rogers, *Le Développement de la personne,* Dunod
Boris Cyrulnik, *L'Ensorcellement du monde,* Odile Jacob

Quand on ne connaît pas quelque chose,
on ne peut pas l'aimer.

HENRI LABORIT

Le bonheur, c'est de continuer à désirer
ce qu'on possède.

SAINT AUGUSTIN

L'action et le triomphe sur l'angoisse ont
un effet euphorisant.

BORIS CYRULNIK

La naissance d'un enfant

Le plus beau souvenir d'une mère

Demandez à un groupe de femmes de raconter l'événement le plus merveilleux de leur vie, et la plupart de celles qui sont mamans vous raconteront la naissance de leur enfant. En dépit de la peur, de la souffrance de l'accouchement, de la position inconfortable et peu esthétique, de l'aspect sanguinolent et tout ridé du petit être braillard qu'on a posé sur leur ventre, elles gardent de leur accouchement un souvenir exceptionnel ; elles se sentent transcendées par ce moment intense, cet abandon total, ce don de soi-même à un autre, si fragile, si vulnérable.

Les heures de fatigue, les angoisses, les nausées, les veines qui gonflent, le corps qui se déplace plus lentement, l'essoufflement, les contractions douloureuses, les perfusions, la sécheresse de la bouche, la transpiration, l'idée de la mort imminente, tout cela est oublié dans le don total de sa personne et la récompense suprême, ce petit bout de chair vivant, tremblant, ce regard, ces petites lèvres, ce petit morceau de soi qui est déjà un autre plein d'attentes et de promesses.

ANALYSE DE LA SITUATION

▷ Ce que la femme constate : « La vie est là, sur mon ventre. »
▷ Ce qu'elle ressent : elle est émue, bouleversée par ce miracle qu'elle a accompli.
▷ Ce qu'elle pense : « J'aime cet enfant qui m'a montré que je pouvais triompher de la douleur et de la mort. »
▷ L'émotion qu'elle éprouve : de la joie.
▷ Ses besoins : prendre cet enfant contre elle, partager quelque chose avec lui.
▷ Son comportement : elle serre l'enfant contre elle.

PROPOSITION D'UNE DÉMARCHE ADAPTÉE

L'objectif est d'ancrer en soi l'intensité de cette expérience pour être capable de s'en servir dans les circonstances de la vie qui demanderont d'aller puiser dans ses propres ressources. L'outil adapté est la technique de l'ancrage.

Nous avons tous dans notre environnement des objets capables de déclencher en nous une émotion : une photo, une mélodie, une poupée, un livre, un vêtement, un objet banal qui nous rappelle des instants particuliers de notre vie, à tel point qu'il nous est impossible de nous en séparer. Nous les gardons parce qu'ils sont des ancres qui, tel la madeleine de Proust, ravivent en nous des sensations oubliées.

Puisque nous attribuons à certains objets ce pouvoir, nous pouvons créer des ancres nouvelles et y puiser la force nécessaire pour affronter les moments difficiles. Les sportifs connaissent bien cette technique, qu'ils utilisent lors de matchs ou de compétitions pour s'imprégner de la force d'un moment de victoire et y puiser l'énergie et la confiance nécessaires à un nouveau succès.

EXERCICE N° 29 *Créer un ancrage positif*

- Vous allez associer dans votre esprit le souvenir d'un événement heureux et un geste particulier. Pour cela, isolez-vous et laissez remonter à votre souvenir le moment particulièrement heureux de votre vie que vous avez évoqué dans l'exercice de l'expérience paroxystique.
- Lorsque vous êtes bien imprégné de toutes les sensations associées à ce moment-là, faites un geste discret (par exemple, joignez le pouce et l'index de la main droite) et ressentez intensément l'émotion de plaisir en vous.
- Ensuite, chaque fois que vous éprouverez une joie, si minime soit-elle, même en public, vous associerez à cette joie votre geste d'ancrage. Petit à petit, vous serez capable grâce à ce seul geste de créer vous-même cette sensation de plaisir intense que la joie procure. En déversant dans votre

corps les hormones du plaisir, ce geste aura pour effet de vous dynamiser et de vous doper naturellement.

À l'origine de toute émotion, il y a une sensation, aussi est-il important de se créer un environnement qui favorisera des sensations agréables, et de cultiver les pensées positives. Pour expérimenter le pouvoir des évocations mentales sur le corps, nous vous recommandons de pratiquer l'exercice suivant, inspiré d'un exercice de *Yoga du rêve,* réalisé par le yogi Alain Duhayon.

EXERCICE N° 30 *Le citron*

- Installez-vous confortablement, fermez les yeux et imaginez un citron. Voyez sa forme, sa belle couleur jaune.
- Prenez le citron dans votre main. Sentez la fraîcheur de sa peau, son poids dans votre main. Caressez-le, sentez les pores de sa peau.
- Approchez-le de votre visage, respirez, sentez son parfum aigre.
- Imaginez un couteau, que vous prenez dans l'autre main.
- Coupez le citron en deux : le couteau pénètre dans la chair et le jus se répand sur la table.
- Lorsque le citron est coupé en deux, approchez-en une moitié de votre bouche et croquez... Sentez le jus qui emplit votre bouche, l'acidité qui vous fait saliver.
- Recommencez : croquez encore, emplissez votre bouche du jus de ce citron et voyez comme vous salivez...
- Ouvrez les yeux : il n'y a pas de citron. Ce n'était que votre imagination, et pourtant vous avez salivé comme s'il s'agissait d'un vrai citron.

Cet exercice vous a permis de comprendre à quel point votre imagination peut influencer votre corps, et quel pouvoir vous possédez. Il ne vous reste plus qu'à décider de mettre dès aujourd'hui ce pouvoir au service de votre bien-être.

Pour en savoir plus

Viviane Dubos, *Les Émotions,* ESF Éditeur

Alain Duhayon, *Le Yoga du rêve,* cassette audio

Guy Missoum et Raymond Thomas, *Psychologie à l'usage des STAPS,* Vigot

Un chapitre de cet ouvrage destiné aux sportifs et à leurs enseignants étudie la place de l'émotion dans la psychologie du sport, notamment son lien avec la motivation et la performance. Pour l'athlète , une bonne gestion de l'émotion s'impose pour obtenir un optimum d'activation de son système musculaire correspondant à la performance maximale. Un déficit d'émotion démobilise le sportif, un excès d'émotion détériore la performance. Vous y découvrirez la technique de l'ancrage des athlètes de haut niveau.

Gagner le gros lot

Murielle et les machines à sous

C'est la première fois que je pénètre dans la salle des machines à sous d'un casino. J'ai accepté autant par amitié pour Murielle que par curiosité. Je ne joue pas, je me promène dans la salle et j'observe. Tout ici évoque l'argent facile : les chiffres qui défilent sur un panneau lumineux, le bruit des bandits manchots, le son métallique des jetons qui tombent dans le réceptacle, la grosse moquette sous les pieds. Et puis, la fébrilité des clients, des femmes en majorité.

Murielle s'est installée devant une machine. Elle a le regard fixe, ses gestes sont nerveux, rapides, saccadés, ses muscles sont tendus. Elle s'accroche à sa machine, persuadée que c'est « la » bonne machine, celle qui va gagner. Elle le sent. Elle le répète. Tout à coup, j'entends un cri de joie. Une quantité phénoménale de jetons tombe de la machine sur laquelle Murielle s'active depuis une demi-heure. On dirait qu'un robinet s'est ouvert et qu'il ne va jamais se refermer. Les jetons jaillissent comme par miracle dans un bruit assourdissant, elle en a plein les mains et sur sa jupe, certains roulent sur la moquette. Elle crie, elle s'agite, elle rit en essayant de tout rassembler, on dirait une petite fille à la fête foraine. Tout le monde se regroupe autour d'elle ; elle est la star du moment. Elle jubile, parle vite et bruyamment.

Je m'approche pour lui dire que c'est le bon moment pour partir. Elle me lance un regard que je ne lui ai jamais vu : « Partir ? Sûrement pas maintenant ! Alors que la chance est avec moi ! Pars si tu veux, moi, je reste ! » J'insiste, mais je ne fais que nourrir sa colère contre moi. Je la regarde dilapider avec frénésie tous ses gains et tenter de « se refaire » avec un dernier billet de cinquante euros. Sur son visage, la tristesse remplace petit à petit l'euphorie. Autour d'elle, les gens s'éloignent, elle est devenue moins intéressante. Pendant tout le voyage du retour, elle restera muette, le visage fermé, ruminant une sombre colère. Je sais que ce soir elle va pleurer.

ANALYSE DE LA SITUATION

- ▷ Ce que Murielle constate : « Je gagne facilement beaucoup d'argent. »
- ▷ Ce qu'elle ressent : une tension, une excitation, un sentiment de maîtrise de son destin.
- ▷ Ce qu'elle pense : « C'est mon jour de chance, il faut que j'en profite. »
- ▷ L'émotion éprouvée par Murielle : une joie intense.
- ▷ Les besoins de Murielle : maîtriser cette source de plaisir (besoin de sécurité, niveau 2 de la pyramide).

PROPOSITION D'UNE DÉMARCHE ADAPTÉE

- ▷ Repérer la nature de l'émotion grâce aux signaux du corps *[mes muscles se raidissent, ma respiration s'accélère, le sang me monte au visage, j'ai besoin de bouger, d'aller vers les autres, je ressens de la joie].*
- ▷ Prévoir ses réactions pulsionnelles : ici, une attitude de lutte *[j'ai envie de crier, de m'agiter, d'agir].*
- ▷ Repérer le besoin menacé : besoin de sécurité, niveau 2 de la

pyramide *[je veux que la chance continue ; en jouant encore, je me persuade que je suis le maître de ma chance]*. Comment Murielle peut-elle nourrir son besoin de sécurité autrement qu'en tentant désespérément de maîtriser une machine ?

▷ Choisir l'outil adapté à la situation : ici, il s'agit de la contrainte « facilitatrice ».

L'idéal eût été que Murielle se soit imposé une contrainte avant de pénétrer dans le casino. Elle aurait pu, par exemple, n'emmener qu'une petite somme d'argent liquide sur elle ; cette contrainte aurait constitué son propre garde-fou. Cela n'a pas été le cas et, dans l'euphorie des gains, elle s'est perdue, n'a pas trouvé de repère pour s'arrêter. J'aurai pu m'emparer de son sac. À travers ce comportement autoritaire, elle aurait vu en moi un élément sécurisant, le représentant de l'interdit, la limite à ne pas franchir, et elle m'aurait certainement remercié ensuite.

Bertrand de Gallé, qui fut un temps président du conseil d'administration de la Française des jeux, affirme que le joueur retrouve dans le jeu une part d'autonomie par rapport à un environnement qui l'emprisonne dans des règles sociales, familiales et économiques. Toute liberté, toute autonomie exige cependant que nous fixions nous-mêmes nos propres règles, sinon la liberté devient source d'angoisse. Savoir s'imposer soi-même des contraintes et les respecter est un acte adulte. Cela permet d'accéder au plaisir différé plutôt que de céder à la recherche de la jouissance immédiate vers laquelle la joie nous entraîne. Grandir, c'est aussi apprendre à supporter la frustration au nom d'un objectif ou d'une valeur.

Il est possible de s'entraîner à acquérir la capacité d'autodiscipline par de petits exercices quotidiens comme celui présenté ci-après. On peut aussi imaginer de s'obliger à réaliser un plat compliqué en suivant à la lettre une recette de cuisine au lieu d'improviser. On s'apercevra alors que la lecture fastidieuse d'une longue liste d'ingrédients ainsi que le respect de dosages précis, de gestes particuliers et de temps de cuisson strictement définis deviendront des actes facilitant l'atteinte de son objectif.

EXERCICE N° 31 *La contrainte « facilitatrice »*

- Installez-vous devant votre bureau et écrivez un texte amusant. Relisez-le à haute voix et répondez aux questions suivantes…
  - Êtes-vous parvenu à écrire quelque chose de cohérent ? d'agréable à lire ?
  - Combien de temps s'est-il écoulé avant que vous n'écriviez les premiers mots ?
  - En combien de temps avez-vous rédigé votre texte ?
  - Avez-vous renoncé ? Pourquoi ?
  - Pouvez-vous identifier les causes des difficultés que vous avez rencontrées ?
  - Êtes-vous satisfait de votre écrit ?
- Installez-vous à nouveau devant votre bureau et donnez-vous très précisément vingt minutes pour écrire un second texte amusant mettant en scène un vieil homme et un chien…
  - Commencez par « il était une fois ».
  - Souvenez-vous d'une fable de La Fontaine. Récitez-en mentalement quelques vers.
  - En vous appuyant sur le rythme de cette fable, écrivez cinq phrases sans utiliser les verbes « être, avoir et faire ».
  - Veillez à préciser le lieu où se déroule l'action, la date et le temps qu'il fait.
  - Précisez les caractéristiques des acteurs de la scène.
  - Terminez par « c'est pourquoi le vieil homme a mordu le chien ».
- Laissez passer vingt minutes et lisez votre texte à haute voix. Cette fois, êtes-vous plus satisfait ? Avez-vous eu plus ou moins de difficultés que lors de l'écriture du premier texte ?

Même si ce que vous avez produit n'est pas un chef-d'œuvre de la littérature française, il est probable que vous ayez éprouvé moins de difficulté cette fois ; cela est dû à plusieurs raisons, dont la principale est le nombre de contraintes que vous vous êtes imposé. Loin de vous bloquer dans votre écriture, ces contraintes vous ont servi de cadre à l'intérieur duquel vous avez pu naviguer librement. Ce qui a pu vous apparaître comme une difficulté supplémentaire, une entrave à votre liberté, est devenu en fait un balisage de votre chemin vers votre objectif.

Pour échapper à l'angoisse de la page blanche, les écrivains s'imposent ce type de contraintes « facilitatrices », que l'on retrouve souvent dans les ateliers d'écriture.

Pour en savoir plus

François Bon, *Tous les mots sont adultes : méthodes pour l'atelier d'écriture,* Fayard

La Soif d'émotion, ouvrage collectif de l'Observatoire international des tendances sociologiques, Foreseen, Plon, 1999

Le poète cache sous l'expression de la joie
le désespoir de n'en avoir pas trouvé la réalité.

MAX JACOB

Retrouver une personne perdue de vue

Je voudrais que quelqu'un m'attende quelque part

Dans un recueil de nouvelles d'Anna Gavalda intitulé *Je voudrais que quelqu'un m'attende quelque part,* le héros de l'une des histoires se retrouve brusquement face à son frère Marco, à qui tout réussit. Marco enlace la taille de Marie, une jeune fille sur laquelle notre héros a fantasmé dans sa jeunesse, Marie aujourd'hui devenue femme. Il tombe instantanément amoureux de Marie, la désire ardemment, mais est bouleversé à un point tel que, pour cacher son émoi, il affirme qu'il ne se souvient pas d'elle. Il se montre indifférent, presque goujat, la délaissant pour aller boire un verre afin de calmer son trouble. Plus tard dans la soirée, les deux frères s'affronteront dans un combat « loyal » au baby-foot pour décider de celui qui passera la nuit avec Marie. À première vue, ce comportement n'est pas très élégant pour un homme amoureux.

ANALYSE DE LA SITUATION

▷ Ce que constate le héros : « Marie me plaît infiniment, mais elle est avec Marco. »
▷ Ce qu'il ressent : un trouble.
▷ Ce qu'il pense : « Tout réussit toujours à mon frère, c'est normal que Marie soit avec lui, elle ne peut pas m'aimer. »
▷ Les émotions qu'il éprouve : de la joie et de la colère mêlées.
▷ Ses besoins : prendre Marie dans ses bras, lui faire l'amour.

PROPOSITION D'UNE DÉMARCHE ADAPTÉE

▷ Repérer la nature de l'émotion grâce aux signaux du corps *[le désir monte dans mon corps quand je regarde Marie, j'éprouve de la joie ; mes muscles se raidissent, je suis incapable de prononcer un mot gentil, je m'éloigne, j'éprouve de la colère].*
▷ Prévoir ses réactions pulsionnelles *[j'ai envie de la prendre dans mes bras et de casser la figure de mon frère].*
▷ Repérer les besoins menacés : besoin de faire l'amour (besoin physiologique, niveau 1 de la pyramide) et besoin de réparation (besoin d'appartenance, niveau 3 de la pyramide). Entre deux besoins, c'est souvent le besoin situé le plus bas dans la pyramide qui doit être comblé en premier lieu. Cependant, les valeurs auxquelles nous croyons nous font parfois agir de manière à combler les besoins supérieurs au détriment des besoins de base. C'est le cas dans cet exemple, où l'amour fraternel (besoin d'appartenance) prime sur le désir sexuel (besoin physiologique).

▷ Choisir l'outil adapté à la situation : puisque le besoin d'appartenance prévaut sur le besoin physiologique, il convient de restaurer d'abord le besoin d'appartenance, ce qui sera mis en place dans le combat auquel les deux frères se livreront loyalement devant le baby-foot. Le perdant s'inclinera devant le gagnant, et l'amour fraternel sera ainsi préservé. Quant au besoin physiologique, il sera comblé un peu plus tard, mais je ne veux pas révéler l'intrigue au lecteur.

Dans le *Grand Dictionnaire de la psychologie,* de Larousse, il est dit que « l'appartenance est une relation entre un élément et un ensemble, indépendante de toute relation spatiale entre les éléments ». Cela signifie que les liens qui unissent deux individus prennent naissance dans leurs deux cerveaux et se rejoignent quelque part en dehors du temps et de l'espace. Ces deux cerveaux sont détendeurs d'un même objet virtuel, le lien.

Pour combler notre besoin d'appartenance, nous devons nous appliquer à entretenir les liens qui nous unissent aux autres. Il est urgent de cesser de croire que l'autre est seul responsable d'une relation qui se détériore. Un lien possède deux bouts. Notre responsabilité et notre liberté résident dans les actions que nous entreprenons pour modifier la qualité de ce lien.

Les relations que nous entretenons avec les membres de notre famille, nos collègues de travail, nos amis du club de sport, nos amis d'enfance, les professeurs de nos enfants, nos voisins, les vendeurs des magasins que nous fréquentons, notre facteur, notre concierge, en bref tout ceux qui composent le tissu social auquel nous appartenons, doivent être soigneusement entretenues. Nous sommes coresponsables de la qualité de cet échantillon du genre humain auquel nous appartenons.

Notre besoin d'appartenance est comblé grâce à nos échanges avec tous ces gens-là, ceux que nous reconnaissons et qui nous reconnaissent lorsque nous les croisons. La meilleure méthode pour combler notre besoin d'appartenance est d'entretenir ces liens, si ténus soient-ils, si superficiels soient-ils, car ils constituent à eux seuls le matériau nécessaire à l'édification d'un étage complet de notre construction identitaire.

EXERCICE N° 32 *Le lien*

Ce travail doit se faire sur plusieurs jours.

- Munissez-vous de :
  - 10 morceaux de ficelle de 20 centimètres environ ;
  - 10 quarts de feuille (format 21 × 29,7 centimètres) de papier blanc ;
  - 10 quarts de feuille (format 21 × 29,7 centimètres) de papier jaune.
- Fixez un papier blanc à une extrémité de chacun des morceaux de ficelle, et un papier jaune à l'autre extrémité.
- Tendez les ficelles et disposez-les comme les rayons du soleil sur votre table, les papiers jaunes tous du même côté, au centre du soleil.
- Sur chaque papier blanc, inscrivez le nom d'une personne qui tient aujourd'hui une place dans votre vie, trois qualités que vous lui reconnaissez et trois faiblesses que vous avez repérées chez elle.
- À l'aide de la pyramide des besoins (page 51), tentez de rattacher chacune de ces faiblesses à un besoin.
- Sur chaque papier jaune, inscrivez votre prénom, puis réfléchissez à la question suivante : que pouvez-vous faire pour rayonner comme le soleil en direction de chacune de ces personnes ?
- Notez sur les papiers jaunes ce que vous pouvez dire ou faire pour contribuer à combler le besoin décelé chez chacune des personnes qui y sont inscrites ; notez ce qui vous passe par la tête sans vous censurer, le temps vous aidera à faire le tri. À chaque fois que vous accomplirez une des actions notées sur les papiers jaunes, vous renforcerez le lien que vous entretenez avec la personne inscrite à l'autre extrémité

de la ficelle. Vous pouvez matérialiser ce renforcement, par exemple en tressant des fils de couleur autour de la ficelle. Plus vous ajouterez de fils, plus votre relation sera solide ; plus vous ajouterez de couleurs, plus elle sera riche.

Pour en savoir plus

Anna GAVALDA, *Je voudrais que quelqu'un m'attende quelque part,* Le Dilettante

Antoine DE SAINT-EXUPÉRY, *Le Petit Prince,* Gallimard

Si tu m'apprivoises, nous aurons besoin
l'un de l'autre. Tu seras pour moi unique au monde,
je serai pour toi unique au monde...

ANTOINE DE SAINT-EXUPÉRY

Remporter un succès inespéré

Miss France 1989 s'évanouit en direct

Comme tous les ans, ce soir-là, l'élection de Miss France 1989 est retransmise en direct à la télévision. À l'annonce de sa victoire, terrassée par l'émotion, Peggy Zlotkowski, la jolie Miss Aquitaine, s'évanouit devant les caméras et s'affale de tout son long sur le plateau ! Un peu gênés, les présentateurs se précipitent pour la relever et réajuster sa couronne. Que s'est-il passé ?

On peut imaginer que la brutale saturation d'endorphines à laquelle le cerveau de Peggy a été soumis a eu des répercussions immédiates sur l'ensemble de l'organisme de la jeune fille, et particulièrement sur l'apport d'oxygène dans son sang. Les battements de son cœur ont ralenti, et son cerveau a été privé de sang et d'oxygène. C'est la raison pour laquelle Peggy a perdu connaissance. Soutenue par l'équipe et un peu tremblante, elle reprendra néanmoins assez vite ses esprits. Son sourire, sa beauté et sa jeunesse lui feront pardonner cet incident, assez malencontreux, il faut en convenir, dans le monde parfait des Miss où tout est réglé comme une horloge.

Quelques années plus tard, une autre Miss, éclatant en sanglots à l'annonce de son élection, ne pourra pas empêcher son nez de couler abondamment en gros plan sur l'écran, jusqu'à ce qu'un mouchoir en papier ne vienne, enfin, à son secours ! Cela fit un peu désordre au pays de madame de Fontenay ! En tout cas, pas très glamour !

ANALYSE DE LA SITUATION

▷ Ce que Peggy constate : « Je suis élue. »
▷ Ce qu'elle ressent : un malaise, le sang qui quitte la partie haute de son corps, les tensions du corps qui se relâchent brutalement, de la faiblesse dans ses muscles.
▷ Ce qu'elle pense : « Ce n'est pas possible que cela soit vrai. »
▷ L'émotion éprouvée par Peggy : une joie intense.
▷ Les besoins de Peggy : besoin d'air, d'oxygène, de respirer et de repos ; besoin d'être rassurée sur la réalité des faits.

PROPOSITION D'UNE DÉMARCHE ADAPTÉE

▷ Repérer la nature de l'émotion grâce aux signaux du corps *[malgré mon envie de bondir pour aller vers les autres, ma vue se brouille, mes joues deviennent froides, le sang descend dans mes jambes, je ne maîtrise plus la tonicité de mon corps, j'éprouve un trop-plein de joie].*
▷ Prévoir ses réactions pulsionnelles *[je vais m'évanouir].*
▷ Repérer les besoins menacés : besoin de respirer, besoin de stabilité, besoin de m'asseoir (besoins physiologiques, niveau 1 de la pyramide) et besoin d'être rassurée sur la réalité de l'événement (besoin d'estime de soi, niveau 4 de la pyramide).
▷ Choisir l'outil adapté à la situation.
– En ce qui concerne les besoins physiologiques, un siège et un peu d'air auraient largement contribué à éviter ce regrettable incident. Tous les besoins physiologiques demandent d'ailleurs à être comblés de la façon la plus prosaïque possible. Inutile de

chercher bien loin : lorsque le corps a faim, il faut lui donner à manger, s'il a soif, à boire, s'il a du mal à respirer, de l'oxygène, s'il est fatigué, du repos... L'organisation de la vie sociale urbaine nous incite souvent à différer la satisfaction de ces besoins sous divers prétextes (par exemple, on ne déjeune pas à midi parce qu'on a un dossier en retard ; on boit de l'alcool ou du café pour faire comme tout le monde ; on ne va pas se coucher dès les premiers signes de fatigue parce qu'une émission intéressante est diffusée très tard à la télé, etc.). Nous avons tort de négliger les messages de notre corps, et l'organisme nous rappellera toujours d'une manière ou d'une autre – et plutôt d'une manière brutale – que nous l'avons négligé.

– En ce qui concerne le besoin d'estime de soi, il est certain que le très jeune âge de Peggy et son expérience antérieure (elle avait d'abord été élue dauphine de la Miss Quatre-Cantons avant de devenir Miss Aquitaine devant la même Miss Quatre-Cantons !) ne pouvaient lui garantir une image de soi suffisamment stable et solide. On peut imaginer que le décalage entre l'enjeu et les chances de gagner qu'elle s'attribuait la mettait en tension. Elle manquait, à ce moment précis, de ce que les spécialistes appellent la « congruence », c'est-à-dire la parfaite harmonie entre ce qu'on ressent et ce qu'on fait, et qui est à l'origine de la confiance en soi. L'outil adapté eût été un outil capable de nourrir l'estime de soi en amont de l'événement. L'estime de soi se construit au fil des expériences de la vie, au fil des succès et des échecs passés, il ne peut tomber du ciel un soir d'élection de Miss, même si cet événement, par son importance, contribuera à construire son image et à lui donner confiance en elle.

Pour être capable de faire face avec sérénité à l'intensité d'une telle joie, il importe donc :

- d'être à l'écoute de nos émotions pour déterminer notre seuil de tolérance à l'instabilité interne ;
- de fortifier notre confiance en nous afin de repousser ce seuil.

Même si vous n'avez pas prévu de vous présenter aux prochaines élections des Miss, vous pouvez travailler l'estime de vous par des petits exercices quotidiens. Si vous parvenez à établir une solide confiance en vous (cela ne signifie pas ne jamais douter, mais se sentir capable d'affronter les situations à risques et les écueils inévitables), votre seuil de tolérance à l'instabilité interne sera repoussé d'autant.

EXERCICE N° 33 *S'habituer au succès*

- Après avoir lu la totalité de l'exercice, installez-vous confortablement et fermez les yeux.
- Exprimez clairement un vœu, quelque chose que vous vous souhaitez.
- Dites-vous plusieurs fois à haute voix et lentement, en savourant bien chaque mot pour vous en imprégner, « je mérite (cela) et je suis tout à fait capable de gérer cette réussite », jusqu'à ce que vous commenciez à ressentir qu'effectivement ce souhait peut se réaliser.
- Maintenant, vous allez dérouler le film idéal de votre réussite ; laissez-vous complètement aller à votre rêve.
- Arrêtez le film à chaque fois que vous ressentez une émotion un peu forte et interrogez-vous : que ressentez-vous précisément ? À quoi correspond cette émotion ? Pourquoi le fait d'anticiper votre joie est-il troublant ? Vous sentez-vous digne de réussir ? Pensez-vous que vous méritez cette réussite ? N'éludez pas les questions, cherchez des réponses, même partielles, car la clé de votre estime personnelle se trouve dans ces réponses.

Cet exercice n'est pas destiné à concrétiser votre souhait, mais à vous habituer à envisager la réussite avec sérénité en portant sur vous un regard bienveillant et respectueux.

Une publicité pour une grande marque de produits cosmétiques affirme : « Parce que, vous aussi, vous le valez bien. » L'annonceur, dont le chiffre d'affaires atteint des sommets, a bien compris l'importance d'un slogan touchant l'estime de soi de ses clientes.

Pour en savoir plus

Christophe André et François Lelors, *L'Estime de soi,* Odile Jacob

Jean-François Amadieu, *Le Poids des apparences,* Odile Jacob

Comment faire face aux émotions des autres

Les différentes attitudes en situation de communication duelle (selon Porter)

Maintenant que vous avez compris comment gérer vos propres émotions, vous avez certainement envie de faire profiter votre entourage de ce nouveau savoir-faire. Attention, aider les autres, cela ne s'improvise pas. Ne dit-on pas que l'enfer est pavé de bonnes intentions ? Et vous-même, n'avez-vous pas entendu maintes fois « c'est pour ton bien ! » alors même que l'acte qui accompagnait cette formule vous plongeait dans la souffrance ?

Savoir écouter les émotions des autres et y répondre est un travail long, difficile et toujours risqué. On n'est jamais sûr d'avoir saisi toute l'intensité de l'émotion de l'autre, quand bien même il aurait cherché à s'exprimer avec le plus de précision possible ; il restera toujours une part d'incertitude et de mystère. « La vie toujours échappe et les plus beaux mots ne pourront jamais en dire le chatoiement » (Jeanne Moll, auteur de *Pédagogie et psychanalyse*, paru chez Dunod).

Pour découvrir votre façon d'écouter l'autre, repérez, dans le tableau de la typologie des attitudes en situation de communication duelle du psychologue américain Porter, l'attitude que vous adoptez le plus fréquemment.

EXERCICE N° 34 *Les attitudes d'écoute de Porter*

1. La réponse évaluative : c'est celle qui moralise ou qui fait intervenir vos valeurs personnelles et qui comporte un jugement *[c'est bien ; c'est mal ; bravo, je vous donne raison ; vous vous trompez...]*.

2. La réponse interprétative : vous repérez ce qui vous semble essentiel et vous cherchez une explication, vous « jouez au psy ». Cette attitude commence comme une reformulation mais va ensuite au-delà de ce qui a été dit : vous interprétez selon vos propres critères.

3. La réponse de soutien : vous apportez un encouragement ou une consolation. Vous êtes compatissant, vous pouvez aller jusqu'à nier la souffrance de l'autre *[ce n'est pas grave, tu vas t'en sortir ; ça va s'arranger...]*. Cette attitude est souvent suivie d'une attitude de suggestion.

4. La réponse investigatrice : vous questionnez, vous enquêtez, vous orientez l'entretien, vous pressez votre interlocuteur. Vous opérez une sélection dans ce qu'il vous dit et vous suivez votre piste comme un commissaire enquêteur.

5. La réponse d'ordre, de directive : vous voyez tout de suite l'issue que vous choisiriez *[moi, à votre place, je...]*. Vous poussez l'autre à agir dans le sens qui vous paraît être le plus efficace. Cela vous débarrasse de l'interlocuteur et de sa plainte.

6. La réponse compréhensive : vous vérifiez que vous avez bien compris ce que l'autre veut vous dire en utilisant la reformulation, c'est-à-dire les mêmes mots que ceux qu'il a employés *[si je vous ai bien compris...]*. Cette attitude encourage l'interlocuteur à s'exprimer davantage, car vous lui montrez que vous l'écoutez sans jugement.

Pour en savoir plus

Jean-Claude Abric, *Psychologie de la communication,* Armand Colin

Roger Mucchielli, *Entretien de face à face dans la relation d'aide,* ESF Éditeur

Comment se comporter face aux émotions des autres

La première action sera l'écoute empathique

L'écoute empathique est une technique qui induit une qualité de réponse particulière. C'est l'écoute, totalement dépourvue de jugement, de l'émotion de l'autre à travers son récit. Il est possible de s'entraîner à cette écoute en donnant la priorité, non pas au contenu du récit, mais à tout le langage non verbal exprimé par la personne qui parle.

Nous devons être attentif à son débit, au ton de sa voix, à sa respiration, aux mouvements de son corps, à son regard ; chaque élément constitue un indice sur la nature et l'intensité de l'émotion éprouvée par notre interlocuteur. Un juge d'instruction s'attache aux faits objectifs contenus dans le récit, un psychologue s'attache au langage du système limbique, à la subjectivité du récit. Il est beaucoup plus facile d'aider l'autre lorsqu'on a clairement identifié son émotion.

La deuxième action sera la reformulation et l'accueil de son émotion

« Je comprends que tu sois triste. » Cette simple formulation permettra à l'autre de faire les ajustements nécessaires si nous nous sommes trompés ; par exemple, il pourra répondre : « Je ne suis pas triste, je suis en colère. »

Acceptons son ressenti, même si ce n'est pas le nôtre : il sait mieux que nous ce qu'il ressent. Cela permettra également à notre interlocuteur de voir plus clair dans ses affects.

La troisième action sera l'identification du besoin

Identifier le besoin de l'autre, soit en le laissant seul faire ce travail, soit en l'y aidant par la formule : « De quoi as-tu besoin en ce moment ? » En général, il nous donne la bonne réponse ; il découvre d'ailleurs souvent cette dernière en même temps qu'il la formule clairement pour que nous puissions le comprendre.

Nous pouvons cependant, sans prendre le risque de trop nous tromper, affirmer que l'expression de la peur correspond à un besoin d'être rassuré, la tristesse à un besoin d'être consolé, la colère à un besoin d'être respecté, et la joie à un besoin d'être aimé, apprécié ou admiré. Donner à l'autre ce qu'il attend dans l'instant émotionnel lui permet de retrouver un certain calme, une certaine stabilité propice à un échange plus serein.

La quatrième action sera la réponse à ce besoin

Dans la mesure de nos moyens, nous ferons en sorte de répondre à ce besoin (sinon, nous pouvons diriger notre interlocuteur vers un professionnel capable de l'aider)...

Face à la peur

Le besoin de notre interlocuteur étant alors d'être rassuré, il convient de ne pas nier sa peur, mais de le rassurer en lui proposant des possibilités d'agir sur cette peur. Nous pouvons lui proposer de croiser ses bras et de poser ses mains à plat sur ses clavicules en fermant les yeux ; ce geste est rassurant. Notre voix devra être apaisante, le rythme plutôt lent. Il ne faut jamais se moquer d'une peur ou la sous-estimer ; il faut au contraire l'affronter et l'observer calmement : « Qu'est-ce qui, dans cette situation précise, t'inquiète en particulier ? »

Face à la colère

On ne doit jamais toucher quelqu'un qui est en colère, au risque de déclencher sa violence. L'autre a besoin d'être respecté ; manifestons-lui ce respect si nous l'éprouvons en l'aidant à reconstruire l'estime de lui-même.

Face à la tristesse

Nous pouvons toucher notre interlocuteur, il se sentira compris, aimé, réparé. En créant une certaine intimité entre lui et nous, nous l'aiderons à passer le cap de son chagrin et les phases nécessaires au retour à son intégrité. La compassion est un sentiment qui prend forme dans l'empathie ; l'autre a vraiment besoin de se sentir écouté sans jugement.

Face à la joie

L'autre a besoin que nous lui montrions qu'on l'apprécie, qu'on l'aime et qu'on l'admire ; il nous en sera reconnaissant, nous fera participer à ses prochains succès et aura envie de participer aux nôtres.

L'émotion, même si elle a besoin d'être partagée, est une expression individuelle et unique d'un ressenti particulier à un moment précis de notre vie et dans un environnement déterminé. Même si elle présente des constantes, qui sont autant de repères, elle ne pourra jamais être communiquée dans toute sa vérité et dans ses moindres détails. L'expression que l'autre nous offrira de son ressenti sera toujours une approximation de sa réalité. Il convient de rester humble face à l'interprétation des émotions de notre interlocuteur : on ne possède jamais que sa propre expérience pour évaluer la réalité, on ne peut que chercher chez l'autre des analogies avec notre propre vécu. Enfant, adolescent, adulte, vieillard, chacun de nous sera toujours seul avec sa peur, mais chacun pourra trouver en lui, grâce aux autres, les moyens de se réparer et, peut-être même, de se reconstruire.

Les liens entre l'émotion et la motivation

La motivation correspond à ce que l'on veut faire ; être motivé, c'est « avoir envie de ». Qu'est-ce qui fait que, sous l'effet d'une émotion, vous agissez ? C'est la motivation. Qu'est-ce qui fait que vos enfants n'ont pas particulièrement envie de faire leurs devoirs, que votre conjoint n'a pas envie d'aller au cinéma, que vous n'êtes pas enthousiaste à l'idée d'aller déjeuner chez belle-maman dimanche prochain ? C'est l'absence de motivation.

Ou bien on ne perçoit pas une situation future comme plus satisfaisante, on n'éprouve pas de frustration de nos besoins et on n'a donc pas de raison d'agir, ou bien on éprouve la frustration de nos besoins et une situation différente comme plus satisfaisante, mais on ne se sent pas capable de réaliser cette situation.

Selon l'argumentaire développé au début de cet ouvrage, c'est l'émotion qui alerte l'organisme sur la frustration d'un besoin ; l'organisme se met alors sous tension et éprouve le besoin de réduire cette tension, et donc la nécessité d'agir.

Entre une situation initiale et le comportement capable de nous projeter dans une situation finale plus satisfaisante, il y a la motivation. À ce propos, une plaisanterie circule actuellement chez les lycéens : « Si l'envie de travailler te prend, assied-toi et attend que ça passe. »

Pour éprouver une motivation suffisante pour agir, quatre éléments sont indispensables :
- la perception d'un état de tension (émotion) ;
- l'identification du besoin frustré ;
- la représentation du but à atteindre pour combler ce besoin (réduire la tension) ;
- la confiance en notre capacité à accomplir la tâche capable de combler ce besoin.

Si l'on devait établir une figure d'enchaînement des séquences entre l'émotion et l'action, on pourrait proposer le schéma suivant :

Besoin non satisfait
↓
Perception de la frustration (émotion)
↓
Représentation d'un objectif
assurant la satisfaction du besoin
↓
Évaluation de notre capacité à l'atteindre
↓
Comportement
↓
Satisfaction du besoin
↓
Disparition de la frustration
↓
Disparition de la motivation

Il est important de remarquer que les besoins de la partie supérieure de la pyramide de Maslow ne sont jamais suffisamment comblés ; par exemple, plus on étudie, plus on a soif d'apprendre.

Ce schéma se déroule dans un contexte donné qui sera plus ou moins générateur de confiance. Au moment de l'évaluation de sa propre capacité à gérer la situation, la confiance en soi est un élément déterminant du comportement. Pour récupérer de la motivation, il est nécessaire de récupérer de la confiance. Pour récupérer de la confiance, il faut nourrir au quotidien l'estime de soi (niveau 4 de la pyramide de Maslow).

Cette compréhension des liens entre émotions et motivations est particulièrement utile à tout parent ou éducateur pour gérer la démotivation d'un enfant ou d'un apprenant. En effet, la tristesse, la colère ou la peur peuvent avoir pour origine le manque de confiance en sa capacité à atteindre son objectif, ou plus simplement son incapacité à se représenter un objectif satisfaisant.

Si le sujet ne manifeste aucune émotion et qu'il est cependant démotivé, c'est qu'il ne perçoit pas de besoin, qu'il y a un problème de sens *[à quoi cela va-t-il me servir, en quoi serai-je plus heureux après avoir agi ?].*

Être attentif aux sanglots de son âme

Face à nos émotions, nous sommes souvent submergés, démunis, nous cherchons des repères, des points fixes, des certitudes. Nous sommes celui qui, appuyé sur le rebord de sa fenêtre, cramponné à ses certitudes, observe les comportements de ses semblables. Comment s'arrangent-ils avec leurs émotions et leurs sentiments ? Il critique, il interprète à la lumière de sa seule expérience, il donne des conseils, il juge, il condamne trop souvent pour se rassurer lui-même…

Quand vient le soir, il ferme la fenêtre, et là, bien à l'abri des regards et des mouvements du monde, dans la solitude de cette sombre pièce, il pleure, enfin. Il pleure sur sa fragilité, sur l'abîme de questions auxquelles il ne trouve pas de réponses. Il pleure parce qu'il va mourir sans doute avant d'avoir compris pourquoi vivre au milieu des autres fait parfois si mal.

Fermons un peu la fenêtre qui donne sur l'extérieur et ouvrons celle qui donne sur notre monde intérieur. Accueillons nos émotions comme autant de messages d'amour envers nous-mêmes ; elles sont les messagères de notre vérité.

Si nous éprouvons de la peur, de la colère ou de la tristesse, c'est que nous sommes en danger ou déjà blessés et que nous avons besoin d'être restaurés. Si nous méprisons ces messages, si nous refusons de nous réparer, toute la vie nous vivrons cassés, handicapés, estropiés, diminués, trahis, abandonnés. Est-ce là la vie qu'enfant nous avons rêvée ?

Refusons de toutes nos forces de trahir cet enfant que nous avons été, cet enfant à qui nous avons fait tant de promesses ! Écoutons-le vibrer en nous, il est encore vivant ! Il vient vers nous et, dans sa petite main qu'il nous tend, il tient le secret message de nos émotions. Accueillons cet enfant comme il le mérite, c'est notre premier devoir envers la vie. L'essentiel n'est-il pas d'être attentif aux sanglots de son âme ?

Cet ouvrage n'a pas la prétention de fournir des recettes, ni de brosser un panorama exhaustif des émotions qui nous perturbent et des conséquences de nos comportements. Il propose seulement des clés pour accéder à notre propre mystère. À chacun de s'en emparer, de les essayer ou d'en trouver d'autres. Aucune clé ne peut ouvrir toutes les portes, aucune porte ne s'ouvre à l'aide d'une seule clé, aucune clé ne peut garantir qu'elle fonctionnera toujours parfaitement, à tout moment, et personne ne peut forcer la porte qui mène à votre vérité.

Liste des outils de gestion des émotions

Bibliographie

A

Jean-Claude Abric, *Psychologie de la communication,* Armand Colin, 1996

Vincent Acker et al., *Ados, comment les motiver,* Marabout, 2000

Catherine Aimelet-Périssol, *Comment apprivoiser son crocodile,* Pocket, 2004

Jean-François Amadieu, *Le Poids des apparences,* Odile Jacob, 2002

Éric Albert et Jean-Luc Émery, *Le manager est un psy,* éditions d'Organisation, 1988

Christophe André et François Lelord, *L'Estime de soi,* Odile Jacob, 1998

Christophe André, *Vivre heureux ; psychologie du bonheur,* Odile Jacob, 2003

Thomas d'Ansembourg, *Cessez d'être gentil, soyez vrai !* Éditions de l'Homme, 2001

B

Richard Bach, *Jonathan Livingston le goéland,* Flammarion, 1973 ; *Fuir sa sécurité,* Un monde différent, 2004

Henriette Bloch et al., *Grand Dictionnaire de la psychologie,* Larousse, 2003

François Bon, *Tous les mots sont adultes : méthodes pour l'atelier d'écriture,* Fayard, 2000

C

Dom Helder Camara, *Mille raisons pour vivre,* Le Seuil, 1980

Carmel Camillerie et al., *Stratégies identitaires,* PUF, 2002

Georges CHAPPAZ et Monique LAFONT, *La Dimension affective dans l'apprentissage,* Université de Provence, CRDP de Marseille, 2000

Jean-Marc COLLETTA et Anna TCHERKASSOF, *Les Émotions ; cognition, langage et développement,* Mardaga (Liège), 2003

Boris CYRULNIK, *L'Ensorcellement du monde,* Odile Jacob, 2004

D

Rüdiger DAHLKE, *Mandalas : comment retrouver le divin en soi,* Dangles, 1988

Antonio DAMASIO, *L'Erreur de Descartes,* Odile Jacob, 2001 ; *Spinoza avait raison,* Odile Jacob, 2003

Viviane DUBOS, *Les Émotions,* ESF Éditeur, 2000

Alain DUHAYON, *Le Yoga du rêve,* cassette audio

E

Jean-Luc ÉMERY et Éric ALBERT, *Le manager est un psy,* éditions d'Organisation, 1988

Milton ERICKSON, *Ma voix t'accompagnera,* Hommes et Groupes Éditeurs, 1986

F

Isabelle Filliozat, *L'Intelligence du cœur,* Jean-Claude Lattès, 1997 ; *Que se passe-t-il en moi ?,* Marabout, 2002

Observatoire international des tendances sociologiques FORESEEN, *La Soif d'émotion,* ouvrage collectif, Plon, 2000

G

Teresa GARCIA et Jean-Jacques WITTEZAELE, *À la recherche de l'école de Palo Alto,* Le Seuil, 1992

Anna GAVALDA, *Je voudrais que quelqu'un m'attende quelque part,* Le Dilettante, 1999

H

Marie de HENNEZEL, *La Mort intime,* Robert Laffont, 1995

J

Marc Jeannerod, *Le Cerveau intime,* Odile Jacob, 2002

K

Pierre Karli, *Les Racines de la violence,* Odile Jacob, 2002

Françoise Kourilsky-Belliard, *Du désir au plaisir de changer,* Dunod, 1999

L

Henri Laborit, *La Nouvelle Grille,* Gallimard, 1985

Michel Lacroix, *Le Courage réinventé,* Flammarion, 2001 ; *Le Développement personnel,* Flammarion, 2004

Monique Lafont et Georges Chappaz, *La Dimension affective dans l'apprentissage,* Université de Provence, CRDP de Marseille, 2000

Yves Lavandier, *Oui, mais...*, film en cassette video et en DVD, 2001

François Lelord et Christophe André, *L'Estime de soi,* Odile Jacob, 1998

M

Abraham Maslow, *Vers une psychologie de l'être,* Fayard, 2001 ; *L'Accomplissement de soi,* Eyrolles, 2004

Dominique Megglé, *Erickson, hypnose et psychothérapie,* Retz, 2002

Henri Michaud, *La nuit remue,* Gallimard, 1999

Dan Millman, *L'Athlète intérieur,* éditions Vivez Soleil, 1997

Guy Missoum et Raymond Thomas, *Psychologie à l'usage des STAPS,* Vigot, 1988

Jeanne Moll, *La Pédagogie psychanalytique,* Dunod, 1989

Évelyne Mollard, *La Peur de tout,* Odile Jacob, 2004

Roger Mucchielli, *Entretien de face à face dans la relation d'aide,* ESF Éditeur, 1983

R

William Reich, *L'Analyse caractérielle,* Payot

Alain Resnais, *Mon oncle d'Amérique* (scénario de Jean Gruault, inspiré par les travaux d'Henri Laborit), film en cassette video et en DVD, 1980

Anthony ROBBINS, *Le Pouvoir illimité,* Robert Laffont, 2003
Carl ROGERS, *Le Développement de la personne,* Dunod, 1968
Joël de ROSNAY, *Le Macroscope,* Le Seuil, 1975

S

Antoine DE SAINT-EXUPÉRY, *Le Petit Prince,* Gallimard, 1951
Marc DE SMEDT, *Éloge du silence,* Albin Michel, 1986
Nina SUTTON, *Les Mamandises ou ma mère me l'avait bien dit,* Albin Michel, 1997

T

Anna TCHERKASSOF et Jean-Marc COLLETTA, *Les Émotions ; cognition, langage et développement,* Mardaga (Liège), 2003
Raymond THOMAS et Guy MISSOUM, *Psychologie à l'usage des STAPS,* Vigot, 1988

V

Serge et Carole VIDAL-GRAF, *La Colère, cette émotion mal-aimée,* Jouvence, 2002

W

Alan WATTS, *Éloge de l'insécurité,* Payot, 2002
Paul WATZLAWICK, *Faites vous-même votre malheur,* Le Seuil, 1984
Bernard WERBER, *L'Ultime Secret,* Albin Michel, 2001
Jean-Jacques WITTEZAELE et Teresa GARCIA, *À la recherche de l'école de Palo Alto,* Le Seuil, 1992

Z

Christian ZACZYK, *L'Agressivité au quotidien,* Bayard, 1998

Remerciements de l'auteur

Je remercie mon éditrice, Florence Lécuyer, pour la confiance qu'elle m'a témoignée et pour ses encouragements constants.

Merci à Pierre Karli et à Yves Lavandier pour le partage de leur savoir, leurs précieux conseils et leur exigence, qui m'ont permis d'affiner ma pensée.

Un merci tout particulier à Alain et à Florian pour leur aide patiente.

Merci à Chantal Romain, à Fabienne Khim et à Claudie Sadkowsky pour la relecture approfondie du manuscrit de cet ouvrage et pour les remarques pertinentes qu'elles m'ont adressées.

Et merci à Denis Recordier pour la mise en pages du manuscrit.

Enfin, merci à tous ceux qui, en me confiant les bleus et les bosses de leur vie, m'ont permis de nourrir ma réflexion.

Remerciements de l'éditeur

Je remercie chaleureusement Jean-Luc Giribone, éditeur de sciences humaines, dont l'intuition et l'esprit d'équipe ont guidé Dominique Chapot à moi et permis à ce livre d'exister.

Merci aussi à Chloé Chauveau pour ses lectures efficaces.

Table

Pratique de gestion des émotions

Pour prolonger votre lecture ou aller encore plus loin dans la pratique, vous pouvez prendre contact avec Dominique Chapot :

Apprendre autrement
13890 Mouriès

apprendre.autrement@wanadoo.fr

DIRECTION ÉDITORIALE : FLORENCE LÉCUYER
SECRÉTARIAT D'ÉDITION : AURÉLIE DELAHAIE

CONCEPTION GRAPHIQUE ET RÉALISATION : CURSIVES, PARIS
COUVERTURE : VALÉRIE GAUTIER
IMPRESSION : NORMANDIE ROTO IMPRESSION S.A.S., LONRAI
DÉPÔT LÉGAL : JANVIER 2005 – N° 79060 (04-3390)
IMPRIMÉ EN FRANCE